新 洛山寺

관음신앙의 성지 오봉산 낙산사

낙산사

新
洛山寺

新洛山寺

관음신앙의 성지 오봉산 낙산사

낙산사

발간축사

불교가 동국에 전래된 지 1700여 년의 성상星霜이 흘렀습니다. 그 오랜 세월 동안 금수강산은 불·법·승 삼보가 상주하고 계·정·혜 삼학이 상행하는 동방의 으뜸가는 장엄한 불연토가 되었습니다. 물론 수많은 고승대덕들이 베푼 무연대비의 중생사랑과 그에 보은하는 수없이 많은 단월들의 아낌없는 헌신이 있었기에 가능했던 일입니다.

372년에 순도順道화상이 최초로 고구려에 와서 불교를 전하니 소수림왕은 초문사肖門寺:啃門寺를 지어 주석케 하였고 이어 이불란사伊弗蘭寺를 창건하여 아도阿度 스님을 주석토록 한 후부터 방방곡곡에 많은 사찰들이 창건되었습니다. 삼보가 상주常住하는 가람들이 곳곳에 들어차니 정법正法은 더욱 진흥되었습니다.

1300여 년 전 신라의 의상대사 또한 관음진신이 상주하는 도량에 낙산사를 창건하니, 이후 우리나라 으뜸가는 관음도량으로 모든 이들에게 불멸의 의지처가 되고 있습니다.

그러나 '일체가 무상하다.'고 하였으니, 인생은 생로병사하고 사상事象은 생주이멸生住異滅하며 우주는 성주괴공成住壞空으로 끝없이 순환합니다. 5년 전 영동嶺東을 휩쓴 큰 화재로 도량의 전각들이 꿈처럼 사라지게 되었습니다.

　허나 주지 정념 스님의 위법망구의 지극한 기도와 홍대한 원력, 그리고 사부대중들의 아낌없는 후원으로 낙산사는 유례 없는 중창의 회향을 보게 되었습니다. 철저한 발굴 조사로 낙산사의 옛모습을 되찾았으며, 단원 김홍도가 남긴 오래된 가람도 역시 참고하였습니다. 이에 주변의 산림을 조성하고 아울러 원통보전을 비롯하여 20여 동의 건물을 완전히 복원하였는데 그 모습이 더없이 아름답고 웅장합니다.

　앞으로 다시 오랜 세월 일체중생을 위한 복전으로서 무량한 공덕을 출생시켜 갈 것입니다.

　이렇듯 생멸하는 무상한 시간 속에 불생불멸하는 공덕의 불가사의함이 교차하며 만들어간 사찰의 이야기들은 아주 귀중한 불법전승의 기록이며 나아가 특별한 인문의 자취이기도 합니다.

　도량중창의 무량한 공덕에 이어 후래를 위해 여법한 자취 또한 남겨 전하기 위해 낙산사 주지 금곡 정념金谷正念화상이 새로운 낙산사 사지를 발간한다고 하니 그 공덕을 길이 찬탄합니다.

불기 2553년 12월
대한불교 조계종 전 총무원장 **가산 지관**

발간축사

　불교는 기록의 종교다. 기록이 없으면 불교도 없다. 불교의 수많은 경전과 어록은 부처님과 선사들의 가르침을 기록한 것이다. 뒷사람들이 불조佛祖의 언행을 기록하지 않았다면 세상에 불교라는 종교가 존재하지 않았을 것이다.

　불교가 이렇게 기록을 중시하는 것은 정통성正統性과 전통성傳統性을 보존하고 유지하기 위해서다. 불교는 오랜 역사를 통해 광범한 지역에서 다양한 문화와 접촉하면서 새로운 불교문화를 창조해왔다. 이 과정에서 불교 고유의 자비와 지혜의 가르침이 훼손되지 않게 하려면 무엇이 정통이고 전통인지 확인해 둘 필요가 있다. 그래서 불멸佛滅 후 3백 년경에 인도를 통일한 아육왕阿育王은 석주石柱를 세우고 부처님의 가르침을 새겼다. 이 금석문金石文은 지금도 불교의 역사를 상고尙古하는 중요한 자료가 되고 있다.

　우리나라 고대사에서도 불교의 문헌과 금석문이 없으면 연구 자체가 어려울 정도다. 선대先代 고승들은 가람伽藍을 짓거나 종鐘을 주조하거나 스승이 열반에 들면 사적비事蹟碑를 세우고 명문銘文을 새기며 행장行狀을 기록했다. 이것이 모이고 쌓여서 역사가 되고 후대에까지 전통을 계승해가는 자료가 됐다. 불교의 설화를 모아 놓은 『삼국유사』나고승들의 행장을 기록한 비문碑文들은 불교뿐만이 아니라 그 시대의 정치와 사회, 문화적 사정을 알게 하는 중요한 자료들이다.

낙산사는 널리 알려진 대로 신라의 의상대사가 관음성지觀音聖地를 가꾼 이래 오랫동안 관음신앙의 영지靈地가 되어왔다. 그러나 불행하게도 지난 2005년(을유) 4월 봄에 동해에서 일어난 산불로 천년고찰은 순식간에 잿더미로 변했다. 다행하게도 낙산사는 전국민적 성원에 힘입어 다시 과거의 아름다움을 되찾게 되었다. 이는 관음신앙의 전통을 지키려는 사승寺僧과 불자들의 염원이 하늘에 사무쳤기 때문이다. 여기서 한 가지 간과해서 안 될 것은 이 염원의 성취가 있기까지는 조선 중기의 화원인 단원檀園 김홍도가 그린 '낙산사도洛山寺圖'가 바탕이 되었다는 점이다. 복원된 낙산사는 발굴 조사를 통해 확인된 부분을 기본으로 하되, 단원의 '낙산사도'에 나타난 가람배치와 조화를 이룬 아름다운 절로 재탄생했다.

이 과정에서도 알 수 있듯이 한 장의 그림과 한 줄의 금석문은 역사와 전통을 계승해 나가는 결정적인 자료다. 이런 점에서 우리는 백 년, 천 년 뒤의 낙산사를 위해 오늘의 모습을 정확하게 기록해 둘 필요가 있다. 앞으로 낙산사의 문화적 전통을 계승하고 발전시킬 바탕은 낙산사의 역사와 현재의 모습을 전해 주는 사지寺誌일 것이기 때문이다.

낙산사 주지 정념화상正念和尙은 이 점을 누구보다 잘 아는 사람이다. 그래서 화상은 낙산사 복원이 끝나자마자 무엇보다 먼저 과거의 역사와 현재의 모습, 그리고 복원과정을 상세하게 기록한 『신 낙산사新洛山寺』 발간을 서둘렀다. 이 책은 단순한 역사의 기록이 아니라 낙산사의 어제와 오늘은 물론 미래의 이상理想까지를 담은 이정표다. 우리는 이 한 권의 사지를 통해 낙산사의 과거와 현재를 살펴보고 미래를 조망할 수 있다.

이것이야말로 과거의 불교도들이 부처님이 돌아가신 직후 미래의 불교를 위해 경전을 편찬하던 뜻과 조금도 다르지 않다고 할 것이다. 새삼 화상의 안목에 경탄驚歎과 상찬賞讚을 보내지 않을 수 없다.

  그동안 복원중창의 도감을 맡아 준 송림 현고화상의 노고와 함께 낙산사 복원復元과 사지寺誌 발간에 애쓴 정념화상과 용상방龍象榜 대중의 노고를 거듭 치하하면서, 그 무량공덕無量功德으로 법계중생法界衆生 모두가 일시一時에 성불成佛하기를 축원하는 바이다.

  천겁이 지났다 해도 옛일이 아니요歷千劫而不古
  만세를 지난다 해도 오늘 일이로다亘萬歲而長今

불기 2553년 12월
설악산 신흥사 조실 **무산 오현**

발간사

천년이라는 누겁의 세월도 뒤돌아보면 찰나찰나의 모임입니다. 역사라는 것도 알고 보면 하루하루의 묶음인 것입니다. 그래서 선인들은 일념즉시무량겁一念卽時無量劫이라고 하신 모양입니다.

빈일루에는 해가 뜨고 송월료에는 달이 집니다. 오봉산 언저리에는 봄에는 꽃이 피고 홍예문에는 가을이면 잎이 떨어집니다. 의상대 앞 도량에는 날마다 파도가 출렁거리며 홍련암 관음굴에는 언제나 파랑새가 날아다닙니다. 그렇게 그렇게 1300여 년이 흘러갔습니다.

때론 태풍이 불었고 산사태도 나고 폭우도 쏟아지고 산불도 지나가고 또 전쟁이 할퀴고도 갔습니다. 그때마다 기둥을 다시 세우고 기와를 또 올리고 단청을 새로 했습니다. 중건기를 거듭 남겼고 상량문도 부지런히 기록했습니다. 그러면서 이 자리를 지켜 온 옛 스님네들은 탁발을 하면서도 불법과 가람을 지켜나갈 도제를 길러냈습니다. 성지와 원찰에서 수없는 신남신녀들이 기도했고 많은 시인묵객과 길손들이 다녀가며 글과 그림을 남겼습니다. 그것이 역사가 되어 이제 천삼백 성상星霜이 흘렀습니다.

5년 전 산불의 잿더미를 이겨내고 가람이 복원되었고 그 과정 속에서도 예전처럼 수많은 땀과 정성이 함께했습니다. 더불어 그 과정에서 많은 기록이 함께했습니다. 이를 정리하면서 낙산사지를 다시금 챙겨보게 되었습니다. 현직 주지만 이렇게 힘들었던 것이 아니라 과거의 모든 주지들이 그렇게 힘들게 가람을 중수했다는 사실을 다시금 알게 되었습니다. 그런 전임자의 노고가 인因이 되었고 그것이 쌓이고 쌓여 또 현재의 과果가 만들어졌음도 다시금 알게 되었습니다. 그래서 소박한 마음으로 과거를 정리하고 현재를 점검하며 또 미래를 향해 잠시 한호흡을 가다듬게 된 것으로서 『신 낙산사』를 내고자 하는 마음입니다.

낙산사 복원은 전 국민의 염원이어서 이에 부응하고자 국가의 지원도 뒤따랐던 건 고마운 일이었습니다. 복원 과정에서 이명박 대통령과 김윤옥 여사의 관심과 격려가 있었음은 물론이고, 특히 노무현 전 대통령은 2005년 소실된 직후 누구보다 이를 애석해하고 이후의 복원을 걱정해 주셨습니다. 양양지역 일대를 특별재난지역으로 지정해 낙산사에 대한 관심을 갖는 한편, 권양숙 여사와 함께 복원의 전 과정을 관심 있게 지켜봐 주었습니다. 이 책에는 그분들에 대한 고마움, 그리고 주호영 특임장관, 유홍준 전 문화재청장, 이건무 문화재청장, 김진선 강원도지사, 이진호 양양군수의 정성도 함께 담겨져 있습니다. 또한 낱낱이 기록할 수는 없지만 가장 큰 복원의 힘은 낙산사를 사랑하는 국민들이었습니다.

오늘의 낙산사가 복원될 수 있었던 것은 조계종 제31대 총무원장 법장 스님, 제32대 총무원장 가산 지관 스님, 그리고 조계종 전 총무원장 권한대행을 지내셨던 송림 현고 스님께서 천리길을 마다 않고 총도감을 맡아 주신 덕분입니다.

옛선사들은 "남의 입을 빌어서 내 말을 한다."는 말을 곧잘 하셨습니다. 비록 옛기록을 다시 정리한 것이라도 그건 동시에 현재를 살아가는 우리들의 마음과 다르지 않을 것입니다. '경경위사經經緯史'라고 했습니다. 경전을 날줄로 삼고 역사를 씨줄로 삼는다는 말입니다. 역사기록을 경전기록만큼이나 중요시한 선인들의 안목이 새삼 돋보입니다.

특히 예전 『낙산사지』를 만들어 주신 전 주지 지홍 스님, 새롭게 『신 낙산사』를 만들어 주신 편찬위원, 솔바람 식구들, 그리고 집필을 맡아 준 신대현 선생님의 노고에도 다시 한 번 감사드립니다.

큰나무 그늘이 강동 삼백 리를 덮는다고 했습니다.
이 책의 상재에 즈음하여 설악산 신흥사 조실이신 무산 오현 대화상의 넓은 그늘이 관동지방에 영원히 드리우길 지심기원 드립니다.

불기 2553년 12월
낙산사 주지 금곡 정념 합장

新 洛山寺

관음신앙의 성지 오봉산 낙산사

차례

발간축사 · 대한불교 조계종 전 총무원장 가산 지관 · 4

발간축사 · 대한불교 조계종 제3교구 본사 신흥사 조실 무산 오현 · 6

발간사 · 대한불교 조계종 낙산사 주지 금곡 정념 · 9

동해의 푸른 절, 낙산사

동해의 푸른 절, 낙산사 · 19

신비한 절 낙산사 · 21

낙산사의 창건 · 23

낙산사의 역사

낙산사의 역사 · 33

통일신라, 범일국사의 중창 · 36

고려시대의 낙산사 · 39

성보聖寶의 수난 · 39

고려시대에 지은 시 몇 수 · 45

조선시대 초기 · 49

세조의 낙산사 중창 · 49

세조와 학열 스님 · 53

조선시대 중기, 낙산사의 쇠락 · 55

낙산사와 교산 허균 · 57

조선시대 후기, 끊임없는 노력 · 59

근대의 낙산사 · 62

낙산사와 6.25전쟁, 그리고 전란 속의 중창 · 63

낙산사의 역사를 한눈에 보는 연혁표 · 68

낙산사에 깃든 불교설화

원효 스님과 관음보살 · 77

범일국사와 정취보살 · 83

조신의 꿈 · 88

파랑새를 만난 유자량 · 92
낙산사와 파랑새 · 95
낙산사와 양류관음도 · 98

낙산사의 문화재

낙산사의 복원을 반기며 · 105
낙산사 가람 배치 · 108
과거의 가람 배치 · 108
옛 그림에 담긴 훌륭한 기록물 · 115
낙산사 가람을 회상하며 · 122
낙산사의 전각 · 126
불상 · 132
탑 · 범종 · 기타 · 137
의상대 · 157
석성 · 160
장군수(성주정) · 161
삼선수(감로정) · 162
낙산팔경 · 162

근현대의 중창
근현대의 중창 · 167
2005년 화재 이후의 중창불사 현황 · 168
발굴작업 · 169
복원 불사의 진행과 성과 · 171

낙산사의 현재
낙산사의 현재 · 187

홍련암
홍련암 · 203
의상대사의 창건 · 203
홍련암의 역사 · 205
홍련암의 문화재 · 208

낙산사의 옛기록 · 216

편집후기 · 275

동해의 푸른 절, 낙산사

사찰에 색깔이 있다면 낙산사는 푸른색일 듯싶다. 동해의 넘실대는 파란 물결이 바로 눈앞에 있어서인데, 원통보전서 조금만 옆에 서 있어도 바다가 보이고, 낙산사의 상징처럼 되어 있는 해수관음상 앞에 있어도 물론 바다가 보인다. 거기다가 의상대로 해서 홍련암 쪽으로 걸어 올라가노라면 깎아지른 절벽에 부딪는 파도 소리가 귓전을 때린다. 이쯤 해서는 어느새 푸른 바다에 취할 만하다. 뿐만 아니다. 절 주위를 감싸고 있는 울창한 삼림 역시 늘 푸른빛을 띠고 있다. 손을 뻗으면 닿을 것 같이 바다가 가깝게 있는데도 마치 깊고 깊은 산자락에 들어선 것 마냥 이렇게 산이 포진해 있는 것도 희한하게 느껴진다. 낙산사가 자리한 오봉산五峰山은 확실히 묘한 매력이 있다.

의상대에서 바라본 동해 바다

동해의 푸른 절, 낙산사

　사찰에 색깔이 있다면 낙산사洛山寺는 푸른색일 듯싶다. 동해의 넘실대는 파란 물결이 바로 눈앞에 있어서인데, 원통보전서 조금만 옆에 서 있어도 바다가 보이고, 낙산사의 상징처럼 되어 있는 해수관음상 앞에 있어도 물론 바다가 보인다. 거기다가 의상대로 해서 홍련암 쪽으로 걸어 올라가노라면 깎아지른 절벽에 부딪는 파도 소리가 귓전을 때린다. 이쯤 해서는 어느새 푸른 바다에 취할 만하다. 뿐만 아니다. 절 주위를 감싸고 있는 울창한 삼림 역시 늘 푸른빛을 띠고 있다. 손을 뻗으면 닿을 것 같이 바다가 가깝게 있는데도 마치 깊고 깊은 산자락에 들어선 것 마냥 이렇게 산이 포진해 있는 것도 희한하게 느껴진다. 낙산사가 자리한 오봉산五峰山은 확실히 묘한 매력이 있다.

　낙산사의 이미지는 무엇일까? 어느 곳이든 처음 갔을 때 받는 인상이 있다. 이른바 첫인상이라는 것인데, 사람한테만 아니라 장소에도 첫인상은 있는 법이 아닐까. 특히 사찰에 처음 갔을 때 받는 첫인상은 오래도록 그 사찰에 대한 변하지 않는 이미지로 기억되는 경우가 많다. 낙산사에는 아늑한 토담 속에 법당이 있고, 동해를 굽어보는 해수관음의 포근한 미소가 있다. 그리고 의상대에 올라 망망대해를 바라볼 수도 있고, 홍련암에 앉아 관음굴에서 울리는 파도 소리를 들을 수도 있다. 이런 것 모두를 낙산사의 이미지로 떠올리는 사람이 많을 것 같다. 우리나라의 절이 대체로 그러하듯이 낙산사 역시 서정적인 이미지가 돋보이는 곳이다.

많은 사람들이 낙산사를 찾는 것은 아름다운 풍광 때문만은 아니다. 이 도량에는 언제나 자비로운 관음보살의 손길이 있기에 사람들의 발길이 끊이지 않는다. 관음의 진신이 상주하는 도량 낙산사, 이 절은 세상이라는 바다에서 난파당한 사람들을 관음보살 자비의 손길로 구하려는 발원에 의해 창건되었다. 망망한 삶의 바다에서 관음보살의 구원이 없다면 얼마나 많은 사람들이 절망할 것인가? 그러나 관음보살은 여러 모습으로 세상에 나타나 고통받는 사람들을 구한다.

🏵 신비한 절 낙산사

　이런즉 낙산사를 찾을 때엔 관음보살을 떠올려보라고 권하고 싶다. 관음보살이 오직 이 절에만 있는 신앙 형태는 아니지만, 확실히 낙산사는 관음보살과 특별한 인연이 있는 절이기 때문이다. 낙산사가 우리나라 3대 관음도량으로 꼽히는 것도 다 까닭이 있다. 약 1400년 전의 먼 옛날, 의상義湘 스님이 관음보살을 친견한 이래 낙산사는 동양에서 제일 오래된 관음보살의 상주처이자 한국 제일의 관음성지로 널리 알려져 사람들이 꼭 가보고 싶어 하는 절이 되었다. 고려에서 한다 하는 문인들은 대부분 낙산사에 가서 회포를 풀고 시문을 남겼다. 조선에 와서도 세조가 이곳에서 관음상을 참배한 뒤 사리가 나눠지는 이적을 몸소 겪었고, 숙종은 관음보살의 화신인 파랑새를 주제로 한 시를 쓰기도 했다. 이 모든 일화가 다 관음보살을 정점으로 전개되어 있으니, 어찌 관음신앙의 성지라고 하지 않을 수 있을까. 의상 스님이 관음보살을 친견했던 신비한 관음굴觀音窟은 전설 속에서만 만나는 이야기가 아니다. 지금 홍련암 법당 마루에 조그맣게 뚫린 구멍 아래로 내려다보면 아직도 파도가 하얗게 부서지는 바위틈 사이로 관음굴 입구가 보인다. 설화와 현실이 하나가 된 곳이 바로 낙산사요 홍련암인 것이다.

　낙산사에는 또 산과 바다가 하나로 어우러져 있다. 경내에서 조금만 벗어나도 짜고 비릿한 바다 내음이 풍겨오고 가만히 귀를 기울이면 파도 소리도 들린다. 그런가 하면 경내를 휘 둘러보면 오봉산의 그윽하고 따스한 산자락에 포근히 안겨 있는 안정감 있는 모습에 탐방

객도 마음이 절로 편안해지는 것을 느낀다. 천 년의 신화가 그대로 살아 숨쉬어 언제라도 우리와 함께 호흡할 것 같고 손을 뻗으면 잡힐 것 같은 곳이 바로 낙산사가 아닌가 싶다. 그래서 낙산사는 신비한 절이라는 생각이 든다.

최근 낙산사에 예기치 않은 산불이 번져 미처 손도 제대로 써보지 못하고 가람의 대부분이 불타버리는 불운한 사건이 있었다. 2005년 4월 5일에 일어났던 일인데, 화재 직후에 낙산사를 찾았던 사람들이라면 이곳저곳 없어진 전각과 군데군데 시커멓게 그을려 휑하니 달라진 경내의 모습에 놀란 사람도 많았을 것이다. 낙산사는 아직도 그 상처에서 다 벗어나지는 못했지만 최근 복원 불사를 성공적으로 마무리하고 회향식을 가지는 등 다시금 옛날의 모습을 회복해 가고 있다. 따지고 보면 이런 화재는 낙산사의 전체 역사에서 처음 있는 일도 아니었다. 그럴 때마다 곧바로 예전의 모습을, 아니 그보다 더 한층 나아진 모습을 일구어나갔던 낙산사였으므로 동해의 푸른 물과 오봉산의 우거진 신록이 조화된 푸른 절 낙산사를 되찾는 것을 의심해 볼 여지가 없다. 그렇게 되면 우리는 다시금 새로워진 낙산사의 이미지를 간직하게 되지 않을까.

낙산사의 창건

의상대사의 창건

낙산사는 신라의 고승 의상대사가 창건했다. 중국 당나라의 지엄智儼 문하에서 화엄학을 공부한 의상대사가 신라로 돌아온 해는 670년(문무왕 10)이었고, 그 뒤 어느 해인가 의상대사는 낙산의 관음굴을

의상대사 진영(고산사 소장)

의상기념관 내부

1) 보타낙가산은 고대 인도어의 보타락(Botarak)을 한자로 옮긴 말이다. 관음보살이 머물고 있는 산으로, 광명光明·해도海島·백화수白華樹, 또는 백화白樺, 白花라고도 쓴다. 낙산사라는 절 이름도 '보타낙가산에 있는 절'이라는 뜻임은 물론이다.

2) 백화란 앞에서 말한 것처럼 관음보살이 머무는 보타낙가산이다. 여기서 소백화라 한 것은 우리나라에 있는 보타낙가산이라는 겸양의 뜻일 것이다.

3) 백의대사란 '흰옷을 입은 분'이라는 뜻으로 관음보살의 다른 이름이다. 흔히 관음보살이 흰옷을 입은 모습으로 표현되는 것은 관음보살을 청정무구의 화신으로 보았기 때문일 것이다. 고려의 대문호 이규보가 일찍이 묘사한, '관음의 흰옷 입은 정갈스런 모습 물에 비친 달과 같네白衣淨相 如月映水'라고 한 것도 그러한 까닭이다. 그리고 앞에서 '대비진신'이라 한 것 역시 관음보살의 별칭인데, 이것은 관음보살의 대자대비한 성격을 나타낸 말이다.

찾았다. 낙산사에는 671년이라고 전해 오는데, 대체로 맞는 연도일 것이다. 그는 온 정성을 다 기울여 기도하여 드디어 관음보살을 친견하고, 낙산사를 창건했다. 이 같은 낙산사 창건 이야기는 『삼국유사』에 실려 있는데, 전체를 읽어보면 아주 드라마틱한 이야기인 것을 알 수 있다.

사찰 창건담은 아무리 사실에 기초하였다 하더라도 읽는 사람의 감동이 극대화되도록 다분히 설화조로 꾸며져 내려오기 마련이다. 그래서 구체적이기보다는 추상적이고, 요즘의 문장 작법으로 보자면 내용의 전개도 그 연결고리가 허술한 경우가 대부분이다. 하지만 낙산사 창건 이야기는 다르다. 따라서 사실적 묘사나 혹은 구성의 짜임새 면에서 우리나라 사찰 창건담 가운데 단연 백미로 꼽을 만하다. 『삼국유사』「낙산이대성洛山二大聖」조에 실려 있는 창건담은 이렇다.

예전에 의상법사가 당나라에서 공부한 뒤 돌아왔을 때의 일이다. 대비진신(大悲眞身, 관음보살)이 이 해변의 굴속에 계시기 때문에 낙산洛山이라고 부른다는 말을 들었다. 대개 서역에 보타낙가산寶陀洛伽山[1]이 있으므로, 여기서는 소백화小白華[2]라고 하고 백의대사白衣大士[3]의 진신이 머무는 곳이기에 이를 빌려서 이름 지은 것이다.

의상은 엄숙하게 수행한 지 7일 만에 자신이 앉았던 좌구座具를 물 위에 띄웠더니 천룡팔부天龍八部의 시종이 그를 굴속으로 인도하였다. 들어가서 (천룡팔부를) 참례하니 공중에서 수정염주水精念珠 한 벌을 주기에 의상은 이를 받아서 물러 나왔다. 동해용東海龍이 또한 여의보주如意寶珠 한 벌을 주어 이

것도 받아서 물러 나왔다. 다시 7일 동안 수행하여 드디어 (관음보살의) 진용眞容을 뵈었는데 말씀하기를,

"이 자리 위의 꼭대기에 대나무 한 쌍이 돋아날 것이니, 그곳에 불전佛殿을 짓는 것이 마땅할 것이다."

라고 하였다. 법사가 그 말을 듣고 굴에서 나오니 과연 땅에서 대나무가 솟아났다. 이에 금당을 짓고 흙으로 불상을 만들어 봉안하니, 그 원만한 모습과 아름다운 자질이 엄연히 하늘에서 난 듯했다. 대나무는 곧바로 없어졌으므로 바로 이곳에 관음보살께서 지내심을 알았다.

이로 인하여 그 절을 낙산사라 하였고, 의상법사는 받은 구슬을 성전에 모셔두고 떠나갔다.

의상 스님이 지금의 홍련암 굴에서 수행한 뒤에 관음보살을 직접 뵙고 보주와 염주 등을 받은 뒤 낙산사를 창건한 과정이 마치 눈앞에 보이는 듯 생생하게 기록되어 있다. 「낙산이대성」이란 '낙산사에 왔던 두 명의 성인'이라는 뜻이다. 두 명의 성인 가운데 한 명은 의상 스님이고, 그렇다면 나머지 한 사람은 누굴까? 바로 원효 스님이다. 원효 스님은 의상 스님보다 여덟 살 위로 함께 중국 유학길을 나설 정도로 친한 사이였다. 한 사람은 유학길 중간에 깨달음을 얻어 '일체유심조一切唯心造'를 외치고 신라로 돌아왔고, 다른 한 사람은 계획대로 중국에 가서 크게 공부를 하고 돌아왔다. 다 알다시피 일체유심조는 원효 스님의 유명한 갈파喝破였다. 『삼국유사』에는 의상 스님의 창건 이야기에 뒤이어 원효 스님이 '이번에는 내가 한 번!' 하면서 낙산사에 관음보살을 친견하러 갔다 오는 내용이 나온다. 아마도 의상도 만났는

낙산사 창건 설화에 나오는 쌍죽과 같은 양식을 지닌 두산 정술원(조선후기 화원)의 쌍죽도

두산斗山 정술원鄭述原은 공주에서 출생하였고, 구한말에 화원을 역임했다고 한다. 절지折枝, 영모翎毛, 화훼花卉, 인물人物에 이르기까지 다방면의 작품을 남겼고, 그 가운데서도 산수화山水畵를 잘 그렸다. 초기 작품은 중국화풍이 많았는데 만년晩年에는 개성있는 그림을 그렸다. "즐겨 미점법米點法을 사용하여 능히 고인古人의 필의筆意도 살려냈다.(한국회화대관, 현대화가편 산수부)"는 평評을 받고 있다.

낙산사의 창건 25

데 나라고 못 뵈랴 하는 마음이 있었던 모양이다. 실제로 이 이야기를 읽어보면 의상 스님과는 달리 원효 스님은 관음보살을 친견하러 가는 길에 시종일관 다소 교만한 마음을 지니고 있는 모습이 엿보인다. 그 탓인지 원효는 관음보살을 친견하지 못하고 빈손으로 돌아가야 했다. 아니, 만나기는 했다. 관음보살이 본 모습이 아니라 노파, 파랑새 등 여러 다른 모습으로 나타나 원효를 시험했는데 그때마다 번번이 원효는 못 알아보고 지나쳤다. 관음보살은 이러한 원효를 보고 '아직은!' 하는 생각이 들었는지 결국 굴 앞에까지 온 원효를 만나지 않고 돌려보내 버린다.

이상이 「낙산이대성」 조의 시놉시스인데, 말한 바대로 정교한 구성과 화려한 문체가 돋보이는 글이다. 다만 내용이 다소 길기 때문에 위에서는 의상 스님이 관음보살을 친견하는 과정만 추려서 소개한 것이다. 원효 스님의 낙산사 방문 여정은 뒤쪽에 있는 「낙산사에 깃든 불교 설화」 중 '원효대사와 관음보살' 편에서 자세히 소개하였다.

위에서 『삼국유사』 「낙산이대성」조에 실려 있는 낙산사 창건연기 설화를 소개했는데, 사실 이보다도 약 50년 앞서서 기록된 또 다른 설화가 있다. 13세기 전반에 활동한 익장益莊 스님4)의 「낙산사기」가 그것이다. 『신증동국여지승람』에 인용되어 있는 이 설화의 내용은 다음과 같다.

양주(襄州, 지금의 양양) 동쪽 강선역降仙驛 남쪽 동리에 낙산사가 있다. 절 동

의상기념관에 봉안되어 있는 의상대사

4) 익장 스님에 대해서는 자세한 것을 알지 못한다. 단지 고려 후기에 활동하였고, 낙산사에 관련된 글을 몇 편 남겼다는 정도에 불과하다. 위에서 소개한 「낙산사기」 말고 낙산사를 노래한 시 한 수가 『동문선』에 전한다.
'바다 벼랑 지극히 높은 곳, 그 가운데 낙가봉洛迦峯이 있구나.
큰 성인은 머물러도 머문 것이 아니고, 넓은 문은 봉해도 봉한 것이 아니리.
명주明珠는 내가 욕심내는 것 아니며, 파랑새는 이 사람이 만나는 것일세.

쪽 몇 리쯤의 바닷가에 굴이 있는데, 높이는 백 척 가량이고 크기는 곡식 만 섬을 실은 배라도 드나들 만하다. 그 밑에는 항상 바닷물이 드나들어서 측량할 수 없는 구멍이 되었는데, 세상에서는 관음대사觀音大士가 머무는 곳이라고 한다. 굴 앞에서 50걸음쯤 떨어진 바다 가운데에 돌 하나가 있고, 돌 위는 자리 하나를 펼 만큼 넓은데, 늘상 수면에 나왔다 잠겼다 한다. 옛적에 신라의 의상대사가 친히 성용聖容을 뵙고자 하여 돌 위에 자리를 펴고 참배했다. 14일이나 정성을 다했지만 볼 수가 없었으므로 바다에 몸을 던졌더니, 바다 속의 동해용이 붙들어 돌 위에 올려놓았다. 대성大聖이 굴속에서 팔을 내밀어 수정염주를 주면서,

"내 몸은 직접 볼 수가 없다. 다만 굴 위의 두 대나무가 솟아난 곳이 나의 이마 위다. 거기에 불전을 짓고 상을 봉안하라."

라고 했다. 용도 또한 여의주와 옥을 바쳤다. 법사가 여의주를 받고 그 말과 같이 가서 보니, 대나무 두 그루가 솟아 있었다. 그곳에 불전을 짓고 용이 준 옥으로 상을 조성해서 봉안하니 바로 이 절이다.…

세상에 전해오기를 굴 앞에 와서 지성으로 예배를 드리면 파랑새가 나타난다고 한다.

襄州東北降仙驛之南 有洛山寺 寺之東數里許 巨海邊有窟 其高可百尺 其大可容萬斛之舟 其下海邊常出入 爲不測之壑 世稱觀音大士所住處也 窟前距五十許步 海中有石 上可鋪一席 出沒水面 昔新羅義湘法師 欲親覩聖容 乃於石上展坐拜稽 精勤至二七日尙未獲覩 便投身海中 東海龍扶出石上 大聖卽於窟中伸臂而授水精念珠 曰我身未可親覩 但從窟上行至雙竹湧出處 是吾頂上 於此可營一殿 安排像設也 龍亦獻如意珠 及湘師受珠而來 有雙竹湧立 乃於其地創

원효대사 진영

다만 원하노니, 큰 물결 위에서 친히 만월 같은 관음보살의 모습 뵈옵는 것.'
(海岸高絶處 中有洛迦峯 大聖住無住 普門逛不封 明珠非我欲 靑鳥是人逢 但願共波上 親瞻滿月容)

그러나 『신증동국여지승람』에는 익장 스님의 것이 아니라 유자량(庾資諒, 1150~1220)의 시라고 하기도 한다.

낙산사의 창건 27

殿 以龍所獻玉 造像安之 卽玆寺也…世傳有人到窟至誠拜禱 則靑鳥出現

『삼국유사』에 전하는 것과 이 「낙산사기」를 비교해 보면 관음보살을 친견하기 위해 수행했던 날짜라든가 또 관음보살을 만나는 과정에서 몇 가지 사소한 차이가 있지만 전체적인 줄거리는 거의 같다. 「낙산사기」 쪽이 좀 더 자세하게 표현되어 있다는 정도다. 그리고 관음보살이 일러 준 대나무가 솟아난 곳에 낙산사를 창건했다는 내용은 정확히 일치한다. 아마도 고려시대 중기에는 낙산사와 의상 스님에 대한 이야기가 꽤 보편적으로 알려진 유명한 일화였던 모양이다.

홍련암 전경

낙산사의 역사

의상 스님이 창건한 뒤 낙산사에는 숱한 인물들이 머물고 수도하면서 법등을 이어왔다. 수행처라고는 하나 절도 사람이 사는 곳이니 그 동안 참으로 많은 일들이 있었을 것이다. 더구나 절은 중생 제도도 커다란 목표 가운데 하나이니 일반인들과의 접촉이 어찌 없을 수 있을까. 싫든 좋든 사람인 이상 수행과 별도로 이 세상을 살아가는 번잡함을 피할 수는 없는 일이다. 다만 세속의 한복판에서 아웅다웅 살아가는 우리와 생각하는 방식이 다르고 부대끼는 내용이 다를 뿐이다.

창건한 지 지금까지 무려 1300년이 넘는 그야말로 장구한 세월이다. 그 동안 험한 꼴도 겪어가면서 여러 가지 굴곡은 있었을지언정 한 번도 법등이 끊어지지 않고 이어져 온 것은 낙산사의 저력이라고 해야 될 듯싶다. 물론 그만큼 우리 민족의 강인한 생명력이 큰 뒷받침을 해 온 것임은 두말할 나위 없다.

원통보전 주위를 두르고 있는 원장. 2005년 이후 새롭게 복원되었다.

낙산사의 역사

　의상 스님이 창건한 뒤 낙산사에는 숱한 인물들이 머물고 수도하면서 법등을 이어왔다. 수행처라고는 하나 절도 사람이 사는 곳이니 그 동안 참으로 많은 일들이 있었을 것이다. 더구나 절은 중생 제도도 커다란 목표 가운데 하나이니 일반인들과의 접촉이 어찌 없을 수 있을까. 싫든 좋든 사람인 이상 수행과 별도로 이 세상을 살아가는 번잡함을 피할 수는 없는 일이다. 다만 세속의 한복판에서 아웅다웅 살아가는 우리와 생각하는 방식이 다르고 부대끼는 내용이 다를 뿐이다.

　창건한 지 지금까지 무려 1300년이 넘는 그야말로 장구한 세월이다. 그 동안 험한 꼴도 겪어가면서 여러 가지 굴곡은 있었을지언정 한 번도 법등이 끊어지지 않고 이어져 온 것은 낙산사의 저력이라고 해야 될 듯싶다. 물론 그만큼 우리 민족의 강인한 생명력이 큰 뒷받침을 해 온 것임은 두말할 나위 없다.

　그런데 낙산사의 역사를 총괄적으로 살펴보면 시대를 막론하고 한 가지 굵직한 흐름이 관찰되는데, 그것은 바로 관음신앙이다.

　한국불교의 줄기라고도 할 수 있는 관음신앙은 지금도 낙산사를 대표하는 신앙이자, 우리들이 가장 선망하는 신앙이기도 하다. 마치 어린아이가 어머니의 품을 본능적으로 그리워하듯 우리는 관음보살의 자비심을 갈구하고 있기 때문일 것이다. 그래서 낙산사는 곧 한국의 대표적 관음성지가 되었다. 이 같은 측면은 한국불교사 전체를 통해서도 매우 중요하게 여길 필요가 있다. 창건 시기부터 존숭되었던 특정 신앙이 이렇게 오랫동안 지속되고 있는 예는 쉽게 찾아볼 수 없으

해수관음상의 온화한 모습

니까. 그 옛날 의상 스님이 관음보살을 친견하기 위해 간절히 수행했던 것처럼, 지금 우리가 해수관음상 앞에서 기도드리는 것이 우연만은 아닌 듯싶다.

우리나라 대부분의 사찰과 마찬가지로 낙산사 역시 창건 이후 고려시대까지의 역사가 대부분 비어 있다. 관련 자료가 남아 있지 않기 때문이다. 그렇지만 조선시대 이후의 자료는 비교적 많이 남아 있으며,

낙산사 해수관음상

『조선왕조실록』에는 100여 건 이상의 관련 기사가 보이는 것도 눈에 띄는 대목이다. 정부 차원에서 기록한 역사서에 한 사찰의 이름이 이렇게 많이 보이는 경우는 낙산사 외에는 거의 없다. 낙산사는 조선 초기 왕실 차원에서 깊은 관심을 보이던 사찰이었으며, 이 때문에 실록에 관련 기사가 자주 등장하게 된 것이다.

낙산사 전체 역사에서 중요한 의미를 갖는 일들을 각 시대별로 나누어 살펴본다.

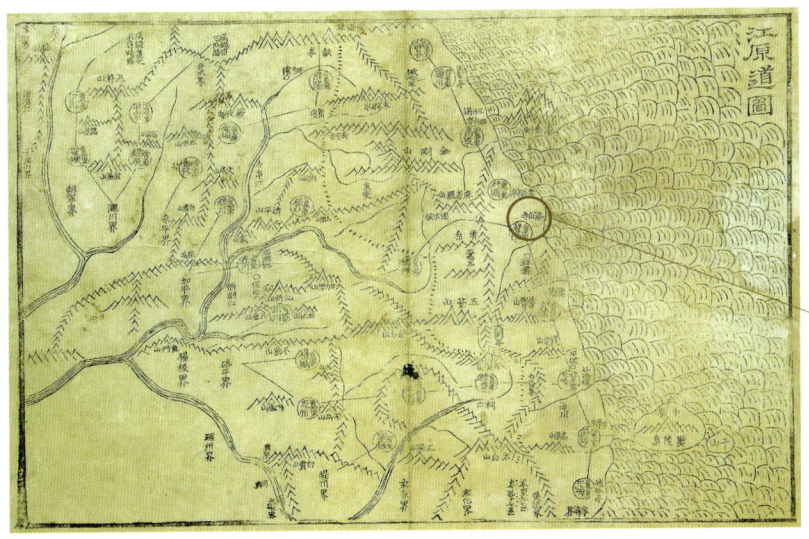

18세기 목판본 강원도 지도

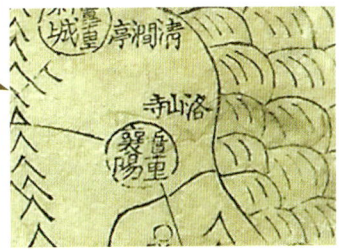

양양 낙산사 부분(지도 원본의 동해안)

통일신라, 범일국사의 중창

786년 낙산사에 대화재가 일어났다. 이 불로 인해 대부분의 전각이 불에 타버렸다고 한다. 아마 모르긴 몰라도 최근 2005년에 있었던 산불로 인한 화재보다 더 심각한 상황이었을 것 같다. 이로부터 약 70년 뒤인 858년에 국사로 추앙받던 범일梵日 스님에 의해 중창되었다.

범일 스님은 신라 말의 대표적 선승禪僧이다. 중국에 유학하여 선법을 전해 받은 그는 귀국 이후 강릉 굴산사崛山寺를 창건하고 선법을 전했으며, 그의 선법을 계승한 산문이 바로 사굴산문闍崛山門이다. 사굴산문은 가지산문迦智山門과 함께 우리나라의 대표적 산문으로 평가되고 있으며, 적어도 고려 후기까지는 그 전통이 살아 있던 산문이기도 하다. 결국 사굴산문은 한국 선사상사禪思想史에 있어 절대적 비중을 차지하고 있는 산문이라고 할 수 있으며, 그 개창자인 범일 스님 역시 한국 선禪의 개척자적 위치에 서 있는 인물이라고 하겠다. 그런데 혹자는 화엄신앙을 바탕으로 한 관음도량인 낙산사를 선승인 범일 스님이 중창했다는 것은 매우 부자연스런 일이라고 말하기도 한다. 그 이유로 9세기 불교계의 대세는 교학敎學이었는데 선학을 모토로 한 선승이 나설 수 있었겠느냐 하는 점을 들고 있다. 하지만 선승, 혹은 선종이라고 해서 관음신앙과 무관한 것은 아닐진대 구태여 이 같은 구별을 한다는 사실이 못마땅하다. 범일 스님의 낙산사 중창은 그 자신이 선승이라 해도 전혀 이상할 것 없는 일이었다.

다만 범일 스님이 직접 나서서 낙산사를 중창한 데는 특별한 인연이 있었던 게 아닐까 궁금해지기는 한다. 과연 범일 스님은 무슨 특별한 의도로 나선 것일까?

  범일 스님이 이룬 중창 내용에는 세 칸 크기의 법당을 새로 짓고 여기에 정취보살상正趣菩薩像을 봉안한 것이 있는데 이것을 하나의 단서로 볼 수 있다. 정취보살은 관음보살과 함께 『화엄경』 「입법계품」에 등장하는 보살이다. 「입법계품」을 보면 선재동자가 절대지식을 얻기 위해 깨달음을 얻은 자를 찾아가는 구법 행각을 하는데, 그 길고 긴 노정에서 28번째 만난 선지식善知識이 관음보살이며, 그 다음 29번째로 찾아간 선지식이 바로 정취보살이다. 이렇게 놓고 보면 의미가 좀 더

범일국사 진영

분명해진다. 범일 스님은 의상 대사가 일궈낸 관음신앙을 바탕으로 한 다음 한 단계 더 나아가 정취보살의 지혜를 수렴하겠다는 의지를 표현한 것으로 보여진다.

고려시대의 낙산사

성보聖寶의 수난

범일 스님의 중창 이후 고려시대 낙산사의 역사는 자세하게 전하지 않는다. 하지만 『삼국유사』를 보면 13세기 몽골군이 침입했을 때 수난을 당한 내용이 상세하게 실려 있다. 또 『동문선』[5] 등의 자료에도 문인들이 낙산사를 읊은 시 몇 수가 전하고 있다.

낙산사에서는 의상 스님이 창건할 때 모신 관음보살상, 그리고 범일 스님이 중창할 때 봉안한 정취보살상이 유명했다. 그리고 의상 스님이 관음보살을 친견하는 과정에서 천룡팔부에게 받은 수정염주, 동해의 용에게서 받은 여의보주 각 한 벌씩도 그에 못지않은 보물이었다. 이들은 고려뿐만 아니라 외국에도 널리 알려졌을 것이다. 고려를 침입한 몽골군이 고려 정부군의 항복을 받자마자 말머리를 동쪽으로 돌려 낙산사에 와서 두 보살상을 약탈하였는데, 마치 정해진 수순처럼 약탈행각이 이어진 것도 그들의 목표가 처음부터 정해져 있었기 때문일 것이다. 어쨌든 이때 이 두 보살상을 빼앗긴 것은 너무나 아쉬운 일이다. 다만 수정염주와 여의보주 둘은 사노寺奴의 헌신적인 수호로 약탈을 면했다. 하지만 그마저도 나중에 없어지고 만다.

지금부터 낙산사 성보의 수난사를 살펴보겠는데, 먼저 『삼국유사』 「낙산이대성 관음정취조신」조를 읽어보면 대체적인 흐름을 이해할 수 있다.

(범일 스님이 정취보살상을 조성한 뒤) 백 년이 지났다. 언제인가 들불이

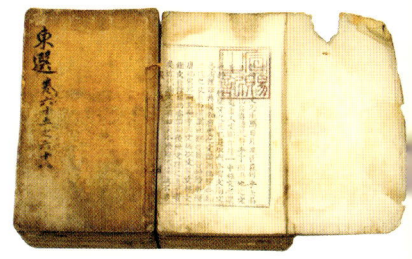

동문선(국립중앙도서관 소장)

[5] 성종의 명으로 1478년(성종 9)에 편찬된 역대 시문선집. 대제학 서거정徐居正이 중심이 되어 노사신盧思愼·강희맹姜希孟·양성지梁誠之 등 당대의 문장가 23명이 모여 만들었다. 신라의 최치원崔致遠 등 약 500명에 달하는 작가의 작품 4,302편이 수록되어 질과 수량 면에서 손색없는 시문집이라고 할 수 있다. 고려시대의 시문이 특히 많이 실려 있으며, 그 가운데 상당수가 불교와 불교문화에 관련된 것이다. 따라서 고려시대의 불교문화를 알기 위한 필독서가 되어 있다.

나서 이 산까지 번져왔으나 오직 관음·정취 두 성인을 모신 불전佛殿만은 화재를 면하였고, 나머지는 모두 불에 타버렸다. 몽고의 병란이 있은 뒤인 계축·갑인 연간(1253~1254)에 두 성인의 참 모습(보살상)과 두 보주를 양주성(襄州城, 지금의 강원도 양양) 지역으로 옮겼다. 몽고군이 몹시 급하게 공격하여 장차 성이 함락되려 하므로 당시 주지인 선사禪師 아행(阿行, 옛 이름은 希玄)이 은으로 만든 합盒에 두 보주를 넣어 가지고 피난하려 하였다. 절에서 일하는 종 걸승乞升이 이 모습을 보고 보주를 빼앗아 땅 속 깊이 묻으면서 맹세하기를,

"내가 만약 병란에 죽음을 면하지 못하게 된다면 두 보주는 끝내 인간 세상에 나타나지 못해서 아는 사람이 없게 될 것이다. 하지만 내가 만약 죽지 않는다면 마땅히 두 보물을 받들어 나라에 바칠 것이다."라고 하였다.

2005년 화재 이전의 양양 낙산사 원통보전 우협칸 벽화

갑인년(1254) 10월 22일에 성이 함락되었다. 야행은 죽음을 면하지 못했으나 걸승은 죽음을 면할 수 있었다. 그는 적의 군사가 물러가자 보주를 땅 속에서 파내어 명주도溟州道 감창사監倉使에게 바쳤다. 이때 낭중郎中 이녹수李祿綏가 감창사로 있었는데, 그것을 받아 감창고 안에 간직해 두고 교대할 때마다 서로 전하면서 이어 받았다. 무오년(1258) 11월에 이르러 본업(木業, 선종)의 노승인 기림사祇林寺 주지 각유覺猷대선사가 임금에게 이렇게 아뢰었다.

"낙산사의 두 보주는 국가의 신령스러운 보물입니다. 양주성이 함락되었을 때 절의 걸승이라는 종이 성 안에 묻어 두었다가 적병이 물러난 이후 다시 땅 속에서 파내어 감창사에게 바쳐 명주영 창고 안에 간직하고 있습니다. 지금 명주성도 지킬 수 없는 상태이니 마땅히 어부(御府, 임금의 물건을 넣어 두던 장소)로 옮겨 모시는 것이 좋겠습니다."

임금은 이를 허락하였다. 그리고 야별초(夜別抄, 밤에 도적을 막기 위해 설립한 특수 부대로 崔瑀가 창설하였음) 10명을 보내어 종 걸승을 데리고 명주성에서 두 보주를 가져와 어부에 안치해 두었다. 그때 심부름 간 사자 10명에게는 각각 은 1근과 쌀 5석을 주었다.

몽골군이 온다는 소식을 듣고 낙산사에서 양주성으로 옮기기까지 했으나 두 불상은 결국 몽골군의 손에 강탈당한 것으로 보인다. 수백 년이 지나도록 국가적 성보로 숭상되던 이들 불상이 몽고군에 의해 약탈된 것은 실로 가슴 아픈 일이다. 그런데 이 가운데 관음보살상은 사실 이보다 앞서 이미 훼손되었던 적이 있었다. 정확한 시기는 알 수 없지만, 그 전에 이미 몽골의 군사들이 와서 관음보살상을 부순 다음 그 안에 있던 복장腹藏을 모두 약탈해 가는 만행을 저지른 바 있다. 이때의 상황에 대해서는 고려 후기의 대문호 이규보*가 지은 「낙산관음복장수보문병송洛山觀音腹藏修補文幷頌」이라는 글에 상세하게 실려 있다. 이 글은 몽고군의 야만적 행위를 비판하는 내용과 함께 국가적 성보였던 관음보살상을 보수하기 위한 당시 사람들의 간절한 소망을 담고 있다. 저간의 아픈 사정을 소상히 알 수 있는 기록물인 데다가 또 문인답게 읽는 사람의 심금을 울릴 만한 서정성 짙은 글이어서 소개해본다.

넓은 동해 바닷가 낙산의 위에 경치 빼어난 곳이 있다. 티끌 한 점 없이 맑고 깨끗하여 수월(水月, 관세음보살)의 순수한 용모가 이곳에 머물러 계신다. 슬프다! 저 흉악한 오랑캐들이 무지막지하게 여러 곳을 다니며 침략할 때 절과 불상들이 훼손 당하지 않은 것이 없었는데, 우리 대성의 존구尊軀도 그 같은 피해를 당하였다. 비록 형체는 간신히 보존되었으나, 복중의 귀한 보물은 모두 노략질해 가서 불상의 안이 텅 비어 버렸다. 무릇 성인의 경계는 본래 차고 비는 소식의 이치가 없는 이상 금강金剛의 진체眞體에 어찌 훼손이 있을 수 있겠는가? 그러나 범부의 소견으로는 어찌 마음이 아프고 처연한 느낌이 들지 않을 수 있겠으며, 하물며 우러러 사모하는 마음이 간절하였던 나와 같은 제자는 더욱 절실하지 않겠는가? 이제 복장 유물이 흩어져버렸다는 사실을 듣고 다른 사람보다 몇 배 이상의 아픔을 느끼며 감히 수리하겠다는 생각을 내게 되었다. 이에 이전에 소장되었던 유물 내용들을 미루어 생각하며 심원경心圓鏡 두 개와 오향五香·오약五藥·색실·비단주머니 등의 여러 가지 물건을 갖추어 복중을 채우고 완전하게 복구하니 이전과 비교하여 손색이 없으므로 무슨 상처가 있다 하겠는가. 이 제자는 머리를 조아리고 이마를 부딪치

*이규보(李奎報, 1168~1241. 여주이씨 종친회사당 소장)

『동국이상국집東國李相國集』, 『백운소설白雲小說』 등을 지은 고려 후기의 대문호. 몽골군의 침입을 진정표陳情表로써 격퇴한 명재상이자 당대의 문장가였다. 낙산사 관음보살상의 복장유물을 조성하는 등 만년에 불교를 신실하게 믿었다.

며 짧은 송頌으로 찬한다.

마침내 헐어 버리지 못하는 것은, 금강의 진신眞身이구나.
그 밖의 상설像設이야 사람이 헐고 사람이 만들거늘,
사람이 다 똑같지 않을진대 혹은 공경하고 혹은 업신여기는구나.
저놈들은 업신여겨 손상을 입히고, 나는 공경하여 보수하네.
저 이지러진 달과 같아서, 얼마 안 가 다시 둥글었구나.
무릇 여러 남녀들은 한마음으로 돌아가 공경하라.

洛山觀音腹藏修補文 幷頌

洪惟東海之濱洛山之相 有一勝境 淸淨無塵 水月叩相 於是乎寄焉 嗟乎憬彼頑戎 無知莫甚 方其橫行寇掠也 至於佛宇梵相 無不被其殘毁者 我大聖尊軀亦爾 雖形體僅存 而腹中之珍藏 盡爲搜露散頓 悽然其空矣 且至人境界 本絶盈虛消息之理 則金剛眞體 寧且有毁滅耶 然在凡夫所覩 得不愴然傷心哉 況汝弟子者仰止之心 自昔滋切 鳳今聞腹藏潰散之事 能不陪痛於人而勇爲之補理耶 是用驚舊所藏 謹備心圓鏡二事及五香五藥色絲錦囊等衆緣 以充其腹 完而復之 與昔無損 庸何傷乎 所願者云云 弟子頓碌環 仍以短頌贊之云 究竟不毁 金剛眞身 外之像設 成毁由人 人非一類 或敬或侮 彼侮而殘 我敬而補 如月斯缺 未幾復全 凡百士女 一心歸度

이규보가 지은 이 글을 통해 당시 사람들이 낙산사에 봉안되어 있던 성보를 얼마나 중시하고 있었는가를 잘 살필 수 있다.

특히 불상을 만들고 헐어버리는 것은 모두 사람이 하는 일이지만,

'저놈들은 업신여겨 손상을 입히고, 나는 공경하여 보수하네.' 라고 읊은 구절을 통해 문화민족으로서의 강한 자부심마저 느끼게 한다. 이같은 이규보의 글이 정확히 언제 작성된 것인지는 알 수 없으나, 그가 죽은 해가 1241년이므로 아마도 1230년대 중후반쯤이 아닐까 한다. 아울러 『동국이상국집』에는 이 글을 최상국崔相國, 즉 최우崔瑀를 대신해서 지었다는 표현이 들어 있어 관음보살상의 보수가 당시 최고 권력자였던 최우의 후원으로 이루어졌음을 알 수 있다. 여하튼 전쟁의 와중이었음에도 불구하고 그토록 간절한 염원을 담아 보수했던 관음보살상은 불과 얼마 지나지 않아 다시 몽고군에 의해 약탈당함으로써 이후 그 자취를 전혀 찾아 볼 수 없게 되었다.

한편 수정염주와 여의보주는 어떻게 되었을까?

1258년부터 왕실로 옮겨져 보관되었던 수정염주와 여의보주는 이후의 행방이 다소 불분명하다. 한동안 왕실의 보호 속에 안전하게 봉안되어 있었던 것은 분명하지만, 『고려사』 권27 세가世家 제27 원종元宗 14년(1273)조의 다음 기록에 의하면 이들 보주에 또 한 번의 변화가 있었던 것으로 보이기 때문이다.

경오庚午일에 마강馬絳이 돌아가므로 대장군 송분宋玢에게 수행하도록 하였다. 그런데 (원나라의) 황후가 일찍부터 낙산사 관음여의주觀音如意珠를 구해보고자 하였다고 하므로 송분에게 그것을 헌납케 하였다.

1273년 1월에 원나라에서 사신 마강이 왔다가 3월에 돌아가면서 낙산사의 관음여의주를 가지고 갔다는 내용이다. 그가 관음여의주를 가지고 간 이유에 대해서는 원나라의 황후가 오랫동안 그것을 보고자 하였으므로 고려 왕실에 이를 요청하였다고 한다. 이 내용으로 본다면 낙산사에서 고려 왕실로 옮겨진 이후 15년 만에 두 보주는 결국 원나라로 강제 이송되었음을 알 수 있다. 말이 헌납이지, 사실은 강탈당한 것과 다름없었을 것이다.

다만 '관음여의주'가 수정염주와 여의보주 둘 다를 가리킨 것인지 아니면 하나만을 지칭한 것인지는 정확히 모르겠다. 아무래도 문맥상, 그리고 정황상 둘 다 빼앗긴 것으로 보는 것이 타당할 듯하다. 그 뒤로 보주에 대한 관련 기록이 전혀 전하지 않는 것도 그런 생각을 갖게 만든다.

고려시대에 지은 시 몇 수

위에서 낙산사의 성보 수난사를 말했지만, 이러한 일화들은 역설적으로 낙산사가 국제적으로 널리 알려진 사찰이었다는 추측을 가능하게 한다. 그러한 낙산사였으니 고려 사람들에게는 얼마나 유명한 곳이었는지 가히 짐작할 수 있다.

예부터 우리나라의 풍류객들은 경치 좋고 오랜 역사를 간직한 사찰에는 빠짐없이 들러 시문을 남겨놓았다. 우리의 여유작작한 풍류 가운데 하나였다.

그런 전통에서 낙산사가 빠질 수 없다. 고려의 내로라하는 명사치고 동해의 푸른 물과 오봉산의 그윽함이 멋진 조화를 이루고 있는 낙산사를 한번 찾아가보지 않은 사람이 있었을까 싶다. 다만 지금에 와서는 그렇게 많은 시가 남아 있지 않은 것이 아쉬울 뿐이다. 어쨌든 그

6) 김부의(金富儀, 1079~1136). 고려의 문신. 본관은 경주. 초명은 부철富轍.『삼국사기』를 지은 유명한 김부식의 동생이다. 1097년(숙종 2) 문과에 급제하고 직한림원直翰林院이 되었다. 그의 일생에 있어서 가장 빛나는 시기가 1111년(예종 6)이 아닐까 싶다. 그는 이때 서장관書狀官으로 추밀원부사 김연金緣을 따라 송나라에 가서 문명을 떨쳐 일약 국제적 명사로 이름을 날렸기 때문이다. 그의 글재주는 형 김부식과 더불어 그야말로 난형난제였던 모양이다. 그는 특히 인종의 총애를 받았는데, 대사성과 이부·호부·예부의 3부상서三部尙書를 거쳐 한림학사승지翰林學士承旨를 역임하였다. 1134년 묘청妙淸이 서경천도와 신궁건립을 주장하자 형 부식과 함께 극력 반대하였고, 이듬해 묘청이 반란을 일으키자 장기전략책인 평서십책平西十策을 올리고, 좌군수左軍帥에 이어 지추밀원사가 되어 출정하였다. 그 전략으로 난을 평정하고 돌아와 인종으로부터 금대金帶를 하사받았다. 그의 생애를 한마디로 말한다면 고려 후기의 최고 명사이자 정치가였다고 할 수 있을 것이다.

7) 김극기(金克己, ?~?). 고려 명종 때의 문신으로 본관은 광주廣州. 호는 노봉老峰이다. 일찍이 과거에 급제하였으나 벼슬하지 못하고 있다가 무신들이 정권다툼을 치열하게 벌이던 명종 때 한림翰林이 되었으며, 금나라에 사신으로 가기도 하였다. 당대의 대표적 문장가로, 문장의 표현이 맑고 활달하며 말이 많을수록 내용이 풍부하다는 평을 들었다. 특히 이인로李仁老는 그를 가리켜 '참으로 난새나 봉황 같은 인물이었다.'고 하여 벼슬에 연연하지 않는 고고한 행적을 찬양했다.『동문선』과『신증동국여지승람』등에 시가 많이 남아 있다.

가운데서도 아래에 소개하는 세 수는 가장 절창이라고 할 만하다.

먼저 김부의6)는 이렇게 노래했다.

한번 바닷가 높은 곳에 올라

고개를 돌려 바라보니 티끌 근심 없어졌노라

관음보살의 원통한 이치를 알고자 한다면

성낸 물결이 산 밑에 부딪히는 소리를 들을진저.

一自登臨海岸高

回頭無復舊塵禮

欲知大聖圓通理

聽取山根激怒濤

또 김극기7)가 지은 시도 재미있다.

다행히 묘경妙境을 찾아 떠돌던 몸 머무르니,

생각이 맑아지고 보는 것이 그윽하여 만 가지 상념이 사라진다.

물결 밑의 달은 누가 위아래를 구분하리,

봉우리 끝 구름은 저절로 동쪽 서쪽을 차지했네.

금당金堂 속 가짜 상을 잠깐 보았을 때,

석굴 속 참 모습은 벌써 보았노라.

큰스님 도와 7일재齋 올리지 않아도,

그의 마음은 원願에 응해 벌써 통했으리라.

幸尋妙境住萍蹤
澄慮冥觀萬想空
浪底月誰分上下
峯端雲自占西東
俄瞻假像金堂裏
已見眞身石窟中
不待相師齋七日
皮心應願定先通

의상대(시즈오까박물관 소장, 관동팔경첩)

안축[8])의 다음과 같은 시는 가히 절구라고 할 수 있을 듯하다.

대성의 원통한 경지는, 일찍이 바다 위 봉우리라 들었네.
부처님 은혜는 감로甘露와 같이 젖어오고,
향은 꽁꽁 동여매어 놓은 것이 있구나.
부류에 따라 항상 몸을 나타내 주셨지만,
미혹에 잠겨 눈으로 만나지 못했을 뿐.
참인가 거짓인가는 말하지 말고,
다만 자애스런 님의 모습에 절 올릴 뿐일세.

大聖圓通境
曾聞海上峰

---

[8] 안축(安軸, 1287~1348). 고려 말의 문신. 본관은 순흥順興. 자는 당지當之, 호는 근재謹齋. 지금의 경북 풍기에서 태어나 문과에 급제하여 전주사록全州司錄·사헌규정司憲糾正·단양부주부丹陽府注簿를 지내고, 1324년(충숙왕 11) 원나라에 건너가 그곳의 과거에도 급제하였으나 관직에 나아가지는 않았다. 귀국하여 여러 벼슬을 거친 뒤 충혜왕 때 왕명으로 강원도존무사江原道存撫使로 파견되었는데, 이 시는 이때 지은 것이 아닌가 한다. 그 뒤로도 여러 관직에 있었다. 또 시문에도 능해 경기체가인「관동별곡關東別曲」과「죽계별곡竹溪別曲」을 지었다.

恩同甘露潤

香有紫泥封

隨類身常現

纏迷眼不逢

莫論眞與假

但自禮慈容

　　이상 세 편의 시는 『신증동국여지승람』에 실려 있다. 세 인물 모두 고려의 대표적 문인들이며, 시의 내용 또한 한결같이 관음신앙의 영험과 참된 신앙의 자세를 노래하고 있다. 그만큼 낙산사는 고려시대를 살아갔던 많은 사람들에게 관음보살의 상주처로서, 그리고 올바른 신앙 자세를 깨우쳐 주는 근본 도량으로서 자리하고 있었던 것이 아닐까.

조선시대 초기

세조의 낙산사 중창

조선시대는 숭유억불의 시대로 불교가 상당한 탄압을 받은 때였다. 신라와 고려에서는 국교로 인정받던 터였기 때문에 이 같은 상황이 꽤나 견디기 어려웠을 것이며, 어느 정도 익숙해지고 적응이 되었던 중후기보다는 특히 초기가 더욱 힘들었을 것이다. 실제로 많은 사찰들이 철거되면서 불교계는 존속의 위험까지도 느끼게 되었다.

이러한 시절이었지만 낙산사는 오히려 왕실로부터 많은 지원을 받고 있었다. 태조 이성계*가 낙산사에 커다란 관심을 보이고 있었기 때문이다. 태조는 봄과 가을에 걸쳐 신하를 파견하여 이곳에서 재를 올리도록 하였으며 이후 갑령(甲令, 항상 하는 일)으로 남겨 후대의 왕들도 이 재를 반드시 봉행토록 하였다. 그리고 『조선왕조실록』에는 그가 태상왕太上王의 자리에 있던 1399년(정종 1) 이곳 낙산사에 행차하여 능엄법회楞嚴法會를 베풀고 이튿날 돌아갔다는 기록이 있다.

태조라는 사람은 우리나라 역사상 최초의, 그리고 또한 마지막 유교 국가를 연 장본인이지만 정작 본인은 불교를 아주 돈독하게 믿었던 인물이다. 어찌 보면 조화롭지 못한 면이지만 개인의 신앙과 국가의 정체성을 별도로 구분할 줄 알았던 절도가 느껴지기도 한다. 아무튼 그의 불심은 왕으로 있을 때부터, 아니 이미 그 이전에 고려의 신하였던 시절부터 널리 알려져 있는 사실이다. 특히 왕위를 물려난 다음에는 전국의 사찰을 참배하러 다녔으며, 육식을 끊을 정도로 불교 수행에 열중하였다. 이로 인하여 당시 신하들은 태상왕이 불사佛事 때문

*태조 이성계(太祖 李成桂, 1335~1408). 조선의 제1대 왕으로, 재위 기간은 1392~1398년이다. 유명한 위화도 회군으로 조선을 세우고 도읍을 한양으로 옮겨 초기 국가의 기틀을 다졌다. 봄·가을로 낙산사에서 재를 올리도록 하는 갑령을 남겼다.

태조 영정(경기전 소장)

에 자주 외지로 출입하는 것은 결코 옳지 못하며, 자신의 몸을 돌보지 않으면서 육식마저 끊은 것도 본받을 만한 것이 못 된다며 간언하기도 하였다. 그러나 그런다고 고집 센 태조가 그들의 말을 듣지는 않았다. 이 때문에 태조가 생존했던 기간의 불교는 별다른 타격을 받지 않을 수 있었다. 이 같은 태조의 선례가 있어서인지 그 다음 다음 왕인

태종도 1403년과 그 이듬해에 자연 재해를 막기 위한 왕실 차원의 재를 낙산사에서 올렸다.

이렇게 조선 초기부터 왕실의 높은 관심을 받고 있던 낙산사는 세조 대에 이르러 새로운 중창의 전기를 마련하게 된다. 조선시대 역대 군주 가운데 가장 돈독한 불심을 지니고 있던 세조는 즉위 직후부터 많은 사찰들에 대한 중수를 지시하였으며, 여기에 힘입어 낙산사 역시 1466년(세조 12)부터 중창 불사를 시작할 수 있었다. 그해에 낙산사에 들러 참배했던 그는 사찰이 많이 퇴락하여 있음을 보고 즉시 중창을 지시하였다고 하는데, 당시 중창 불사는 왕실 차원에서 각종 물자를 조달하였다는 점에 큰 의의가 있다고 하겠다. 세조의 지시로 시작된 중창은 1468년 무렵 완성된 것으로 보인다. 지금 낙산사 가람의 전체적 형태나 칠층석탑·홍예문·원통보전 담장 등의 중요문화재가 모두 이때 조성된 것으로 미루어 이때의 중창은 낙산사의 역사에 있어서 특별한 의미를 갖는다고 말할 수 있다.

여기에서 세조의 낙산사 중창에 대해 좀 더 설명을 해야겠다. 한 가지 의문이 좀처럼 가시지 않기 때문이다. 유교 국가에서 어떻게 국가 차원의 사찰 지원이 이루어질 수 있었을까? 태조 때야 건국 직후니까 아직 여러모로 어수선할 무렵이었으므로 그랬다고 치지만, 세조 대에 이르러서는 나라의 기반이 완전히 잡혀 있을 때인데 결코 쉬운 일은 아니었을 것이다. 불교를 누르고 유교를 본분으로 하여 이상국가를 건설하자는 것이 당시의 지식인들 대다수의 머릿속에 가득한 모토였는데 어떻게 해서 국가에서 사찰을 지원하는 일이 일어날 수 있었던 것일까? 답을 먼저 말한다면, 이건 순전히 세조 자신이 뚝심으로 밀어

세조 영정(해인사 소장)

9) 신미(信眉). 세조 때 활동한 선승(禪僧)으로 본명은 김수성(金守省)이다. 옥구진(沃溝鎭)의 병사(兵使)를 지낸 김훈(金訓)이 아버지이며, 동생은 학자 김수온이다. 보은 법주사(法住寺)에 출가하여 사미 시절에 수미와 함께 대장경을 읽으며 공부하였다. 그 뒤 세종 말년에 왕을 도와 불사를 중흥시켰고, 궁궐 안에 내원당(內願堂)을 짓고 불교 행사를 주관하는 등 불교를 일으키기 위해 노력하였다. 보은 복천사(福泉寺)는 수미 스님이 이 무렵에 중수한 사찰로, 그의 체취가 가득 남아 있는 곳이다. 세종의 아들 문종은 선왕의 뜻을 이어 그를 선교도총섭(禪敎都摠攝)에 임명하였다. 세종의 또 다른 아들 세조는 왕위에 오르기 전부터 그를 존경하였고, 왕위에 오르자 불교의 중흥을 주관토록 하였다. 1458년(세조 4)에 나라에서 해인사에 있던 대장경 50부를 인출하고자 하였을 때 이를 감독하였고, 1461년 6월에 왕명으로 간경도감을 설치하여 훈민정음을 널리 유통시키기 위하여 불전(佛典)을 번역, 간행하였을 때에도 이를 주관하였다. 그 밖에 그의 주관 아래 『법화경』·『반야심경』·『영가집(永嘉集)』 등이 언해되는 등 불전의 국역과 유통을 위한 막중한 책무가 그의 손에 의해 이루어졌다. 1464년 2월 28일 세조가 속리산 복천사로 행차하였을 때 그곳에서 사지(斯智)·학열·학조 등과 함께 대법회를 열었던 것은 당시 지식인 사이에서

붙여서 일구어낸 일이었다. 확실히 『세조실록』 등을 보면 당시 조정의 대신들은 왕의 낙산사 지원을 극렬히 반대하였던 것을 알 수 있다. 왕과 신하의 관계라고는 해도 모든 신하가 다 반대한다면 여간 골치 아픈 일이 아니었을 것이다. 하지만 세조는 이 모든 반대를 물리치고 자신의 신앙을 관철하려 하였다. 오히려 몇 가지 특별 명령을 더 내려 낙

산사에 또 다른 혜택을 주기도 하였다. 이렇게 되니 신하들이나 선비들이 아무리 명분을 앞세운 반대 의견을 빗발처럼 올려도 세조의 마음을 바꿀 수 없음을 알고 물러설 수밖에 없었던 것이다. 그러니까 낙산사의 중창은 한마디로 세조 개인의 발원에 전적으로 기대어 완성되었다고 할 수 있다. 조선시대 역대 왕 가운데 가히 '사자왕獅子王'이라 일컬을 만한 세조였기에 가능한 일이었을 것이다.

세조와 학열 스님

이렇게 세조의 발원에 의해 낙산사가 중창되었을 때 실무를 맡아 처음부터 끝까지 일을 진행시켰던 사람은 학열(學悅, ?~1484) 스님이었다. 학열 스님은 불교계에서 존경받던 선사로, 그때까지 낙산사와 특별한 인연은 없었으나 세조의 지목을 받아 중창 불사의 모든 것을 책임지고 그 일을 훌륭히 완수해냈던 것이다. 따라서 학열 스님에 대해 말하지 않고 넘어갈 수가 없다.

사실 그의 생애에 대한 자세한 기록은 남아 있지 않아서 생각만큼 그다지 많을 것을 알고 있지는 못하다. 조선 초기에 불경을 간행하던 임시관청인 간경도감에 적극적으로 참여하였으며, 당대의 최고 학승으로 꼽던 신미[9]·학조[10] 두 스님, 그리고 학자 김수온 등과 함께 세조 대에 불교진흥정책을 주도하였던 인물 정도로만 알 수 있을 뿐이다. 세조가 믿고 맡기면서 전폭적인 지원을 아끼지 않았던 인물이라면 신미나 학조에 버금가는 위상이 있었을 것은 자명한데 어떻게 그토록 기록이 부족한 것일까? 우리는 지금 학열 스님이 언제 태어났는지도 모르고 있지 않은가.[11]

커다란 화제가 되기도 했다. 또한 같은 해에 강원도 상원사上院寺로 옮겨 왕에게 상원사의 중창을 건의하여 성사시켰다.

[10) 학조學祖. 조선 초기의 고승으로 학행學行으로 유명한 유학자 김계행金係行의 조카이자 김영추金永錘의 형이다. 등곡燈谷·황악산인黃岳山人 등의 호를 썼다. 신미·학열 등과 함께 선종의 승려로서 세조의 두터운 신임을 받았다. 여러 고승들과 함께 많은 불경을 국어로 번역, 간행하였다. 왕실의 존경을 받아 세조 이후 중종에 이르기까지 수많은 불사를 일으켰다. 1467년 왕명으로 금강산 유점사楡岾寺를 중창하였고, 1488년(성종 19) 인수대비仁粹大妃의 명으로 해인사 중수 및 대장경판당을 중창하였다. 그의 이력은 주로 불경의 인출과 언해 사업으로 채워져 있다. 그만큼 불교의 대중화에 힘쓴 인물이라고 할 수 있다. 1500년(연산군 6) 왕비의 명으로 해인사의 대장경 3부를 간행하고 그 발문을 지었으며, 1520년(중종 15) 왕명으로 다시 해인사 대장경 1부를 간행하였다. 그 밖에 『지장경언해』를 비롯하여 『금강경삼가해언해金剛經三家解諺解』, 『천수경』, 『증도가남명계송證道歌南明繼頌』 등이 있다.

이처럼 그에 관한 기록이 전하지 않게 된 데에는 나름대로의 이유가 있다. 특히 세조의 승하 이후 불교계에 대한 압박이 거세어지는 과정 속에서, 학열 스님은 마치 불교계의 우두머리와도 같은 표적 대상이 되어 온갖 비난을 감수해 내야 하는 처지로까지 전락해 버리고 말았던 것이다. 그 결과 스님이 언제 어디서 입적을 하게 되었는지조차 전혀 알 수 없는 상태가 되어 버렸다고 한다.

남아 있는 기록은 주로 『조선왕조실록』인데 여기에는 주로 학열 스님을 악의적으로 왜곡하거나 비판한 내용으로 가득하여 도무지 그 기사 그대로 활용할 수가 없을 정도다. 아무래도 불교와 승려에 대하여 깊은 적개심을 가지고 있던 사람들의 고의적 날조라고밖에는 생각할 수가 없다. 세조는 신미·학열·학조 등 세 스님을 특별히 존숭하였다고 한다. 그런데 이 같은 점은 오히려 당시 유생들에게 악영향으로 작용하였다. 불교 교단 내에서나 왕실 내에서 존경받는 승려가 있다면, 유생들은 그들을 마치 독버섯과 같은 제거 대상으로 삼으려 했기 때문이다. 실록은 바로 이 같은 인식 속에 작성된 것이었기 때문에 학열을 비롯한 고승들에 대해 올바르고 정당한 평가를 할 수 없는 한계를 지니고 있었다고 판단된다.

11) 지금까지는 학열 스님의 입적 년도도 모르고 있었다. 하지만 이 책에서 앞서 언급한 것처럼 학열 스님은 1484년에 입적하였다. 이 책에 자주 등장하는 남효온이 1485년에 금강산 일대를 답사한 뒤 「유금강산기」를 썼는데, 거기에 낙산사에서의 이틀 여정이 기록되어 있다. 그 가운데 '지금 학열이 죽은 지 1년인데' 라는 대목이 있다. 이것으로 보면 1484년이 학열 스님의 확실한 입적 년도가 되는 셈이다. 아쉬운 것은 무슨 연유인지 아직까지 학계에서 이 사실을 반영하지 못하고 여전히 '생몰년 알 수 없음'으로 학열 스님의 이력서를 채운다는 점이다.

조선시대 중기, 낙산사의 쇠락

　세조 대가 지나면서 조선의 불교는 기나긴 암흑기로 접어든다. 조선 사회의 성리학 중시 풍조가 더욱 짙어지면서 불교를 배척하는 분위기는 훨씬 강화되어 갔기 때문이다. 특히 연산군과 뒤이은 중종 치세 동안 극심한 탄압을 받았다. 그래서 불교는 이때에 이르러 그나마 힘겹게 버텨오던 존립마저 아주 어려운 상황에까지 이르게 되었던 것이다. 마치 외줄타기 같은 고난의 연속으로, 한 번 발을 삐끗하면 그대로 나락으로 떨어질 지경이었다. 지금 호암미술관에 보관되어 있는 국보『훈민정음』이 1940년 발견되었을 때부터 첫 두 장이 떨어져 나가 있었는데, 오죽하면 이것이 언해(훈민정음)를 통해 불교 전파를 싫어했던 연산군이 불교를 탄압할 때 찢겨 나갔을 것이라고 추측해 왔을까. 2005년 6월 무렵에야 몇몇 학자들에 의해 이 두 장은 연산군 때가 아니라 18세기에 훼손되었다는 것이 밝혀졌지만, 그만큼 조선의 불교가 이때만큼 힘들었던 적이 없었다는 반증도 되는 것이다.

　이러한 환경은 낙산사라고 예외가 아니었다. 세조의 든든한 후원으로 중창된 것까지는 좋았는데, 세조가 승하하자마자 관료들에 의해 곧바로 낙산사에 대한 규제가 공론화되기 시작하였다. 당시 낙산사는 몇 가지 특권이 있었는데, 이것의 폐지를 주장하는 목소리들이 높아져만 갔다. 낙산사에 부여되었다는 특혜란 크게 세 가지로 말할 수 있다.

　하나는 화재 예방책으로 삼림이 우거진 옛길을 폐쇄하고 새 길을 놓았는데, 새로 놓은 길이 너무 멀리 돌아가게 되어 있으니 백성들을 위해 옛길의 통행을 허락하라는 것이다. 두 번째는 강원도 백성들이 소금을 구워서 고성 유점사와 낙산사에 바치도록 되어 있는데 이것을 폐지하라는 요구이며, 세 번째는 낙산사 앞 20여 리에 걸쳐 어부들의 해산물 채취를 금지시키고 있는데 이것 역시 폐지하라는 것이다.

이러한 논의는 몇 년에 걸쳐 집요하게 이어졌다. 세조에 뒤이어 즉위한 성종은 처음에는 선왕의 뜻을 함부로 바꾸기 어렵다며 신하들의 요구를 들어 주지 않았지만 마냥 그럴 수도 없어서 결국은 세 가지 특혜를 모두 회수하고 만다. 낙산사로서는 큰 타격이었을 것이다. 하지만 낙산사의 쇠락은 여기에서 그치지 않았다. 이번에는 낙산사에 주었던 토지를 회수하는 것과 낙산사 소유 노비를 영구히 전하지 못하도록 하라는 것, 그리고 심지어 학열 스님을 없애야 한다는 요구까지 들고 나왔던 것이다. 물론 당시 대신들의 요구가 단지 낙산사에 국한되어 있던 것은 아니었다. 다만 앞서 많은 특혜를 받고 있던 낙산사는 이 같은 불교탄압정책의 시행 과정에 있어 좋은 본보기로 대두될 수밖에 없었으며, 그 결과 시간이 흐를수록 낙산사에 부여되었던 각종 특혜도 점차 사라지게 되었다.

낙산사는 이렇게 불교 탄압의 매서운 화살을 온몸으로 받아낼 수밖에 없었고, 조선 중기의 낙산사는 날이 갈수록 초라해져 갔다. 법등을 이어나가는 것만 해도 대단한 일이었을 것이다. 이 같은 상황이 조선 후기까지 그대로 지속되면서 낙산사는 의상 스님이 창건했을 당시의 성관은 간 곳 없고 그 옛날의 영화가 정말 먼 꿈속의 일로만 느껴지는 초라한 상황이 되고 말았다.

낙산사와 교산 허균

조선시대 중기 낙산사의 역사에서 허균(許筠, 1569~1618)을 빼놓을 수 없다. 양천이 본관이고 호가 교산蛟山·성소惺所·백월거사白月居士 등인 그는 최초의 한글 소설인 『홍길동전』의 저자로 널리 알려져 있다. 그는 나이 20대 후반 때인 1593년에서 1595년까지 약 3년 정도 낙산사에 머물렀다. 낙산사에 머물렀던 명현 중에서 가장 오래 낙산사에 살았다. 이곳에서 머물면서 전쟁으로 인해 아내와 첫아이를 잃었던 힘든 개인사를 극복할 수 있었고, 나아가 이곳에서의 정진을 바탕삼아 과거에 급제까지 했다. 그러니 그에게 있어서 낙산사는 무엇보다 소중한 안식처요, 훗날 대문장가로 이름을 날릴 수 있었던 수학의 장이었다고 할 수 있다. 그의 호 중 하나가 교산인데, 이는 그가 강릉에 살았고 또 평생을 불교의 영향을 받으면서 바닷가에 있는 낙산사에 머물렀던 경험과도 관계가 깊은 것으로 말해지곤 한다.

허균은 임진왜란이 일어난 1592년, 피난 중에 부인이 첫아들을 낳고 얼마 안 있어 산후조리를 못해 죽었고, 아들도 잇달아 죽는 불행을 당했다. 큰 충격을 받은 그는 피난지를 전전하다 그해 가을 강릉에 닿았다. 이후 자신이 태어난 고향이며 외가가 있는 강릉에 와서 애일당愛日堂에 머물게 되었는데, 그의 호중 하나인 '교산'은 애일당의 뒷산 이름을 딴 것이다. 그는 이듬해인 1593년 자신이 겪은 고통을 이기기 위해 낙산사에 와서 머물기 시작했다. 여기서 스님들과 함께 공부하며 불교를 이해하기 시작해 마음의 위로를 얻을 수 있었다. 그해 10월 처음으로 시화집 『학산초담鶴山樵談』이 나온 것도 이처럼 낙산사에서

새로 복원된 원통보전 현판 및 그 아래에
표현된 교룡(뿔 대신 흰 혹이 있는 용)

원통보전 내 불단에 조각된 교룡

심신의 안정을 되찾은 결과였다고 할 수 있다. 그 효과는 금방 나타났다. 1594년 2월 29일 나라에서 실시한 정시문과 을과에 급제해 관로에 나서게 된 것이다. 예문관 검열로 첫 벼슬을 시작한 허균은 세자시강원 설서, 표추관 기사관 등을 지냈고, 승문원 사관의 자격으로 중국 요동에 다녀오기도 했다. 이때도 여름이면 강릉 애일당으로 내려갔는데, 그곳서 멀지 않은 낙산사에 수시로 들르곤 했을 것이다.

　이처럼 낙산사와의 깊은 인연으로 그가 지은 『교산문집』과 『성소부부고(惺所覆瓿稿)』에 낙산사에 관한 시 3편이 전한다(〈낙산사의 옛기록〉 참고). 문집에 실려 있는 그의 한시는 많지는 않지만 국내외로부터 품격이 높고 시어가 정교하다는 평을 받고, 또 시회(詩話)에 실려 있는 그의 문학비평은 당대에는 물론 현재에도 문학에 대한 안목을 인정받고 있다.

　낙산사에서는 역사의 명현들 가운데 낙산사에 가장 오래 머물고 낙산사를 사랑했던 허균을 기리고자 새로 복원한 원통보전 좌측 상단의 현판 밑에 동청룡인 교룡, 곧 동해바다에 사는 용을 단청에 그리기도 했다. 허균의 호, 교산(蛟山)은 그의 탄생지인 강릉 사천(沙川) 애일당(愛日堂) 부근의 교문암(蛟門岩)에서 딴 것으로 그는 교룡의 기운을 타고 태어났다고 한다. 『역락재집』의 「답동해부」에 '동해는 교룡의 집이다.'라는 구절처럼 교룡은 동해 용왕의 본래 모습이라는 설이 있다. 또한 교룡은 관세음보살님이 타고 다니는 용이기도 하다. 현재 일본에 있는 한 조선조 불화의 기룡관음도에는 교룡이 그려져 있다. 또 그가 강릉에 있을 때 머물렀던 애일당의 뒷산이 교산임은 앞에서도 말했는데, 옛날 교산 아래 교룡이 살았는데 교문암을 깨고 승천했다는 전설이 전해진다.

조선시대 후기, 끊임없는 노력

조선시대 후기에 낙산사는 두 번의 커다란 재난을 만난다. 하나는 임진왜란이고, 또 하나는 대화재였다.

임진왜란은 우리 민족 전체뿐만 아니라 사찰들에 있어서도 다시 기억하고 싶지 않은 사건이다. 이미 400년도 더 넘은 먼 과거의 일이기는 하지만 이때 너무나 많은 피해를 입었기 때문이다. 건축물이며 불상, 그리고 불화 등 숱한 귀중한 문화재가 불길 속에 사라지거나 왜적의 노략질의 대상이 되어 없어져 버렸으니 그 손실을 어떻게 다 말할수 있을까. 게다가 스님들 역시 수행이라는 본분에서 벗어나 나라를 지키기 위해 어쩔 수 없이 무기를 손에 들어야 했을 때의 그 처참한 심정은 또 어떻게 설명할 수 있을까.

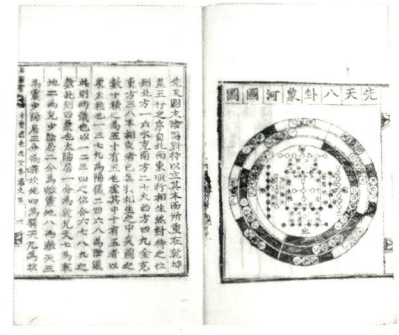

1896년에 간행된 목활자본 역락재집

낙산사에 내려오는 기록에 따르면 1592년에 일어난 임진왜란 때 피해를 입었다고 하는데, 어느 정도의 피해를 입었는지 정확한 수치는 남아 있지 않다. 하지만 일본인들이 오랜 옛날부터 동방의 성인으로 떠받들어 온 의상 스님이 지은데다가, 고려는 물론이고 조선에서도 국가적 관심의 대상이었던 명찰 낙산사를 그냥 두지 않았으리라 생각하는 것은 그다지 무리가 아니다.

그로부터 40년 뒤인 1631년(인조 9), 낙산사에 원인 모를 대화재가 났다. 낙산사 전체 역사에서는 여러 차례의 화재가 있었는데 그 가운데서도 786년, 통일신라시대 후기인 10세기 초반, 1592년의 임진왜란, 1777년, 1950년의 6.25전쟁으로 인한 화재가 가장 타격이 컸었다. 1631년에 일어난 화재도 그에 못지않게 대단해서 거의 폐사 지경에까지 이르렀다. 하지만 다행히 여러 가지 여건이 좋았고, 또 낙산사 스님들의 노력으로 이듬해 곧바로 중창 불사를 시작할 수 있어서 도량이 다시 정비될 수 있었다. 기록을 보면 종밀宗密·학조學祖·도원道源·대주大珠 등의 스님이 팔을 걷어붙이고 나섰다고 한다. 그 밖에 비록 이름은 알려지지 않았지만 낙산사를 아끼고 사랑하는 여러 신도들의 정성이 모이지 않았으면 이루어지지 못했을 것임은 물론이다.

이렇게 화재로 인한 낙산사 중건의 역사를 짚어보노라면 재미있는 사실 하나가 발견된다. 위에서 말했듯이 1777년(정조 1)에도 대화재가 일어나 가람의 대부분이 불에 타버린 적이 있었다. 이때의 피해가 최근 2005년의 화재와 비교해서 어느 정도인지 비교하기는 곤란하지만, 가람 전체가 거의 타버렸다고 하니 아마 비슷하지 않았을까 싶다.

화재 직후 소실된 원통보전

어쨌든 낙산사로서는 아주 어려운 상황이었을 것이다. 그렇지만 워낙 나라 안에서 손꼽는 명찰이어서 그랬는지 아픈 상흔을 훌훌 털어버리고 운학雲鶴 스님을 중심으로 곧바로 중창에 나설 수가 있었다. 그런데 이때 양양 지역의 12개 면민面民이 동원되었다는 흥미로운 사실이 전한다. 당시 불교계가 처해 있던 어려운 처지를 염두에 두면 꽤 이례적인 경우라고 하지 않을 수 없다. 동원인지, 혹은 자발적 참여인지 자세한 내용을 확인할 수는 없지만, 조선시대 초기와 달리 왕실과 같이 특별한 후원세력이 있는 것도 아니었으므로 정황상 자발적 참여 쪽에 좀 더 무게가 실리지 않을까 생각된다. 관청에 의한 적극적 독려가 있었을 수도 있다. 어쨌든 전성기가 지나도 한참 지난 그때, 이 자그마한 사선은 전통적인 낙산사의 위상이 어느 정도 반영된 결과가 아니었을까.

 여하튼 조선 중·후기의 낙산사는 관료들의 집요한 견제와 함께 임진왜란의 병화와 큰 화재까지 연이어 겪어야 했던 최대 시련기였지만, 그때마다 대중들의 눈물겨운 노력으로 법등法燈을 이어나간 장한 역사가 담겨 있는 시기로 평가되어야 하지 않을까.

❁ 근대의 낙산사

지금부터는 일제강점기로 요약되는 20세기 초반 낙산사가 어떠한 길을 걸어왔는가를 알아보기로 하겠다.

조선 왕조가 막을 내리고 일제의 식민통치가 시작되었는데, 그 과정에서 표면적으로는 불교계의 숨통을 틔우는 몇 가지 정책이 발표되었다. 먼저 조선 말기인 1895년 승려의 도성출입금지령이 해제된 것을 꼽을 수 있다. 조선시대 거의 전 기간에 걸쳐 승려는 원칙적으로 한양의 사대문 안에 출입할 수가 없었는데, 그것이 도성출입금지령이었다. 그러다가 1894년 고종이 국가의 여러 문물제도를 서구식으로 고치는 법령을 발표하니 이것이 갑오개혁이다. 그리고 이듬해 도성출입금지령이 폐지된 것이다. 그러나 도성출입금지령도 이 무렵에 와서는 유명무실한 법령이었으니 실제로 이것이 엄격하게 적용되지는 않았다. 그러나 이 법령의 폐지는 불교가 더 이상 정책적 탄압을 받지 않게 되었다는 사실을 상징한다고 볼 수 있을 것이다.

그렇다면 정말로 불교는 오랜 굴레를 벗어던지고 발전의 기력을 회복하게 되었을까? 불교학자들의 견해는 상당히 부정적이다. 그 뒤로도 오랫동안 불교계는 그렇게 만족할 만한 발전을 이룩하지 못하였다는 것이다. 그 이유는 그때까지는 불교 발전을 주도해 나갈 수 있는 세력이 형성되어 있지 못했을 뿐 아니라, 500년이 넘도록 주류세력으로부터 비판받고 탄압되어 온 터라 불교를 사회에 내보일 만한 역량이 단기간 내에 회복되기는 무리였기 때문이다. 더구나 당시 국내의 정세는 밀려오는 제국주의 열강의 세력 앞에 국가 존립마저 유지하기 힘들 정도의 위기 속에 빠져들고 있었으니, 그야말로 차분하게 불교 교단의 내부를 정리하고 앞으로의 발전 방향을 모색해 볼 수 있는 대내외적 상황이 전혀 마련되지 못하던 시기였다.

근대의 낙산사 역사도 이 같은 불교계 전체의 상황과 크게 다르지 않았다. 일제강점기 이전에는 소규모의 중창·보수 사실만 전하고 있으며, 일제강점기에 들어서서는 31본말사법에 의해 건봉사의 말사로 지정되는 변화 정도가 있을 뿐이었다. 관음성지의 위상을 되찾아 보려는 노력이라든가 조선시대 대표적 호법도량으로서의 위상을 재정립해보려는 노력 등은 거의 찾아볼 수 없는 시기였던 것이다.

하지만 마냥 주저앉아 있었던 것은 아니었다고 본다. 나름대로 숨 고르기를 하면서 힘찬 도약을 위한 체력을 기르는 중이 아니었을까. 역사는 자신만 잘한다고 해서 의지대로 이루어지지는 못하는 법이 아닌가. 올바른 수행 공간과 신도들의 평안한 안식처가 되기 위해 차분히 준비하면서 권토중래를 꾀했고, 또 실제로 1920년대만 하더라도 통일신라 전성기 때보다는 못 미쳤겠지만 나름대로 제법 탄탄한 사세를 유지했다. 그러나 얼마 안 있어 예상치 못한 중대 사건이 벌어지면서 낙산사는 또다시 일대 혼돈에 빠져들었다. 그 미증유의 혼돈이란 바로 6.25전쟁이었다.

건봉사乾鳳寺 대웅전

신라시대에 아도 화상이 창건했다고 전해지며, 오랫동안 관동 일대의 손꼽히는 대찰이었다. 일제강점기에는 31본말사법에 의해 낙산사를 말사로 거느리고 있었다. 하지만 6.25전쟁으로 커다란 피해를 입었고 전쟁 뒤에도 이른바 민통선 안에 자리하여 사세가 급격히 위축되자 지금은 본사의 자리를 신흥사新興寺에 넘겨 주었다.

낙산사와 6.25전쟁, 그리고 전란 속의 중창

낙산사에 전하는 말로는 1920년대까지만 하더라도 건물이 전부 100여 칸이 넘었다고 한다. 건물의 칸수는 기둥과 기둥 사이를 한 칸으로 보므로, 예를 들어 앞면이 5칸이고 옆면이 3칸인 건물은 15칸짜

이형근 장군

12) 이형근(李亨根, 1920~2002)은 군인이자 외교관으로 서울에서 태어났고, 1942년 일본 육군사관학교를 졸업하였다. 해방이 되자 건군(建軍)의 중추역할을 하여 군번 1번을 받았다. 1946년 국방경비대 사관학교 초대 교장, 1949년 주미한국대사관 초대 무관을 지냈고, 6.25전쟁 중에는 1952년 1군단장으로 활동하였다. 전쟁이 끝난 뒤 1954년 연합참모본부 총장, 1956년 육군참모총장을 지낸 뒤 1959

리 건물이다. 100칸이라면 60동 이상의 건물이 있었다는 것인데, 지금보다도 더 규모가 컸다는 얘기가 된다. 과연 그러했을지 다소 미심쩍기도 하지만 당시의 규모가 그만큼 작지 않았다는 뜻은 충분히 이해된다. 하지만 이러한 모습도 6.25전쟁으로 인하여 모두 잿더미 속으로 사라져 버렸다.

우리나라 사찰의 수난사를 되짚어보면 고려 때 몽골군의 침입이 가장 먼저 꼽힌다. 저들은 단순히 고려군과 전투하는 것에 그치지 않고 당시의 국보급 사찰까지 파괴의 대상으로 삼았는데 대표적인 경우가 황룡사 구층목탑의 방화였다. 645년에 세워져 그때까지 무려 600년 동안이나 높이 80미터의 웅장한 모습을 자랑해 오던 이 탑은 1238년 몽골군의 침략으로 불타 없어지고 말았다. 또 낙산사만 하더라도 창건 당시부터 전해오던 관음보살상과 정취보살상이 사라졌고, 수정염주와 여의보주도 끝내 헌납의 수순을 거쳐 원나라에 뺏기고 말았던 것은 앞에서도 얘기했다. 그 다음으로 조선시대에 들어와서는 1592년에 일어나 7년 동안 이어진 임진왜란으로 인한 피해가 그 이상으로 컸다. 왜적들은 진격 대상지에 있는 명찰·대찰을 반드시 찾아가 방화하고 약탈하는 일을 저질렀는데, 숱한 우리의 사찰에서 16세기 이전의 건물을 찾아보기 힘든 이유가 바로 여기에 있다. 그 다음 1637년에 청나라의 침입으로 시작된 병자호란 역시 손꼽히는 재난에 속한다. 주로 도성이 있던 서울과 경기 지역의 많은 사찰이 피해를 보았다.

앞서의 세 전란이 모두 외적과의 전쟁인 데 비해 6.25전쟁은 동족간의 살육전이었다는 점에서 괴로움은 한층 더하다. 낙산사 역시 전란의 한 가운데에 자리하여 건물 전체가 모두 없어져 버렸다. 폭격에 의한 것이었는지 혹은 방화에 의한 것인지 명확하지는 않은데, 세조 때 만든 범종은 무사했던 것을 보면 고의적인 방화였을 가능성이 높다. 어쨌든 이 전란으로 낙산사는 미증유의 피해를 당했고, 낙산사 역사에서 가장 큰 타격을 입었다.

그러나 천운이었는지 낙산사는 곧바로 중창의 기운을 얻게 된다. 1953년에 원통보전이 중건된 것이다. 당시 우리가 처한 여건 자체가 모두에게 힘들었기 때문에 자칫 낙산사도 오랫동안 침체 속에 빠져버렸을 수도 있었지만 이 일을 계기로 탄력을 받아 서서히, 그러면서도 중단 없이 옛날의 가람을 하나하나 되찾아 나가기 시작했으니, 이때의 원통보전 중건은 결코 그 의미를 소홀히 할 수 없다. 6.25전쟁은 1952년 1월 2일 협정이 시작되어 1953년 7월 27일 조인이 이루어짐으로써 휴전되었다. 그러니까 원통보전을 중건한 시점은 전쟁이 아직 완전히 끝나기 전으로, 사회 경제 전반에 걸쳐 전쟁으로 인한 상처가 채 아물기도 전에 이런 일을 할 수 있었다는 것은 여간한 일이 아니다.

역사의 뒤안을 살펴보면 여기에는 당시 1군단장인 이형근[12] 장군의 노력이 컸다. 그는 공병대 등의 병력을 중심으로 원통보전을 새로 지었다. 비록 당시가 종전되기 직전으로 전국적 규모의 전쟁은 종식되어 가는 분위기였으나, 지금의 휴전선을 중심으로 한 치의 땅이라도 더 많이 확보하기 위한 국지전이 치열하던 때였으므로, 이때의 원통보전 중건이 참으로 비상한 일이었음은 미루어 짐작할 수 있다.

1953년 4월, 원통보전이 드디어 완성되고 낙산사 중창불사 점안식이 거행되었다. 그런데 이때의 점안식 행사 및 당시를 전후한 낙산사의 사정에 대해서는 당시 1군단 참모장이면서 초대 15사단장을 지냈

년 예편하였다. 그 뒤 약 10년 간은 외교관으로 활동하여 1962~1967년 영국·스웨덴·덴마크·노르웨이 주재대사를 지냈다. 1969년 행정조사위원회장, 1976년 반공연맹 이사장, 1981~1988년 국정자문위원, 1989년 국토통일원 고문을 지냈다. 태극무공훈장·대한민국 외교훈장 등을 받았다. 저서로 대한민국 군번 1번으로 건국에 얽힌 일들을 쓴 『건군비화』 등이 있다.

1920년대의 낙산사 원통보전

13) 강원도 속초에 신라시대 화랑이 와서 심신을 수양했다는 유명한 영랑호가 있다. 영랑호 옆에 범바위가 있고, 그 위에 지금은 터만 남은 금장대라는 정자가 있다. 이 금장대는 6.25전쟁 때 공이 컸던 김병휘 장군의 공적을 기리기 위해 세운 정자였다.

14) 최홍희(崔泓熙, 1918~2002). 국군의 창설 멤버 중 한 사람. 소장으로 예편한 뒤에 1959년 대한태권도협회를 창설하였으나 정치적 이유로 1972년 캐나다로 망명했다. 그러나 그 뒤 태권도를 세계에 보급시켰다. 1996년 국제태권도연맹(ITF)을 설립한 뒤 2002년에 총재를 지내기도 했다. 태권도를 세계에 보급하고 홍보하는 데 큰 역할을 했으나 이른바 친북親北인사로 알려져 오랫동안 해외에 체류하였기 때문에 국내에서는 그다지 많이 알려지지 않았다.

던 김병휘金炳徽 장군13)의 증언을 참고할 수 있다. 김병휘 장군은 이형근 장군의 휘하에서 참모장으로 근무하면서 원통보전 중건을 비롯한 낙산사의 여러 상황을 직접 목도한 바 있다. 그의 증언에 따르면 점안식에는 이승만 대통령과 부인 프란체스카 여사를 비롯해서 미 제8군 대장 팬프리트, 합동군단장 클라크, 이형근 중장, 그리고 5사단장과 11사단장 등 당시 군의 주요 지휘자들이 대거 참석했다고 한다. 그리고 1군단 부군단장 최홍희14) 장군은 '원통보전' 편액 글씨를 썼으며, 1군단 민심참모였던 전형인 씨가 원통보전의 주련柱聯을 썼다. 최홍희 장군이 썼던 편액은 그 뒤 경봉鏡峰 스님의 글씨로 바뀌었고, 전형인 씨의 주련은 그대로 걸려 있었으나 2005년의 화재로 없어졌다.

이승만 대통령 부부는 중창불사 점안식 행사 참석 뒤에 보물 제479

원통보전 낙성식 법회 때 낙성식에 참가한 이승만 전 대통령 부부

호로 지정되어 있던 낙산사 동종을 타종했으며, 이어서 낙산사에서 운영하던 고아원을 방문하기도 했다. 그런데 이 낙산사 동종은 6.25전쟁 직후 강릉포교당으로 가져갔다가 다시 회수해 온 것이다.

전시인 탓에 여러 가지 어려움 속에서 완성한 원통보전의 중건은 관음신앙의 성지인 낙산사가 새롭게 중창되었다는 의미와 아울러, 참혹했던 전쟁의 상흔을 딛고 다시 한 번 일어서려는 국민 모두에게 하나의 희망이 되었다는 상징적 의미가 있었다고 하겠다. 낙산사는 이후 원통보전 외의 전각과 당우들을 하나씩 중건하면서 우리나라의 대표적 관음신앙의 성지로 다시금 그 면모를 갖추게 되었다. 이형근 장군이 복원했던 원통보전은 2005년 소실되었다가 2007년 다시 복원되었다.

❁ 낙산사의 역사를 한눈에 보는 연혁표

　지금까지 창건부터 시작하여 6.25전쟁까지 낙산사 역사 가운데 가장 중요하고 의미 있는 것을 중심으로 얘기해 보았다. 1300년의 역사를 이렇게 간단히 끝낼 수는 없겠지만 그래도 낙산사를 이해하는 데 있어서 꼭 필요한 부분은 모두 말하지 않았나 싶다.

　낙산사 전체 역사에서 보자면 물론 그 밖에도 숱하게 많은 일들이 있었겠으나 기록으로 전하지 않고, 또 전하더라도 아주 간략하게만 소개되어 있는 것이 많아서 그 모든 것을 하나하나 말하지 못하였다.

　다음은 낙산사와 관련된 거의 모든 역사를 표로 적어 본 것이다. 조그만 내용이라도 놓치지 않고 모아 봤으므로 기나긴 낙산사 역사를 정리하면서 프롤로그처럼 편한 마음으로 읽어 보았으면 한다.

671년(신라 문무왕 11)	의상대사가 낙산사를 창건.
786년(원성왕 2)	화재로 인하여 사찰 대부분이 불에 탐.
858년(헌안왕 2)	범일 스님이 중창함. 이때 세 칸의 불전을 짓고 정취보살상을 봉안.
10세기 중엽	범일 스님의 중창 이후 100여 년이 지났을 때 들불이 일어나 이곳까지 번져와 사찰 대부분 불에 탐. 그러나 관음보살상과 정취보살상을 봉안한 불전은 화재의 피해를 입지 않았다고 함.
1197년(고려 명종 27)	유자량이 관음굴에서 기도하다가 파랑새의 영험을 경험.
13세기 초	이규보가 관음보살상을 보수하고 복장 유물을 다시 봉안.
1254년(고종 41)	몽골군의 침입으로 관음상과 정취보살상, 그리고 수정염주와 여의주를 양주성으로 옮김. 양주성마저 함락되자 두 보주를 땅 속에 묻어 두었다가 다시 꺼내어 감창고에 간직.

1258년(고종 45)	감창고에 있던 두 보주를 어부御府로 옮겨 보관.
1273년(원종 14)	원나라의 사신이 돌아가면서 자신들의 황후가 관음여의주를 보고 싶어 한다는 뜻을 전하자 고려 조정에서 이를 헌납함.
1399년(조선 정종 1)	태조 이성계가 행차하여 능엄법회를 개최함.
1403년(태종 3)	태종이 선공소감繕工少監 김계란金桂欄을 보내어 재이災異를 없애기 위한 도량을 개최함.
1404년(태종 4)	왕실에서 내신을 보내어 기청법회祈晴法會를 개최함.
1466년(세조 12)	세조가 행차함.
1467년(세조 13)	세조가 다시 행차하여 헌향하고 사찰 중건을 지시함.
1468년(세조 14)	학열 스님이 중창함. 현재 경내에 남아 있는 칠층석탑, 홍예문, 원통보전 담장 등은 이 무렵 조성된 것.
1469년(예종 1)	예종이 교지를 내려 사찰 중건을 명하고 범종도 조성함. 아울러 사찰에 토지와 노비를 하사함. 이때 절 인근의 민가 모두 5리 밖으로 이주시킴. 조경치曹敬治·남이南怡·장서蔣西 등이 소유하고 있던 여러 지역의 밭을 거두어 낙산사로 귀속시킴. 김수온이 「낙산사신주종명병서」를 찬술함.
1470년(성종 1)	성종이 교지를 내려 전답과 노비를 하사함. 아울러 사찰에 부과된 요역을 감면시켜 주는 등의 각종 혜택을 베풂. 한계희韓繼禧가 「낙산사기」를 지음.
1471년(성종 2)	선학仙學 스님이 중수. 이때 용선전·영산전·어제루·승당 등을 보수하고 단청도 새로 함.
1489년(성종 20)	산불로 인하여 관음전이 불에 탐.
1592년(선조 25)	임진왜란으로 사찰 대부분의 당우가 불에 탐.
1619년(광해군 11)	관음굴을 중건함.
1631년(인조 9)	화재가 발생하여 사찰이 불에 탐
1643년(인조 21)	도원道源·대주大珠 스님 등 25인이 중수.
1683년(숙종 9)	관음굴의 불상을 개금할 때 공중에서 한 개의 명주明珠가 내려왔다고 함. 석겸釋謙 스님이 이것을 봉안하기 위해 탑

	을 조성.
1692년(숙종 18)	공중사리탑空中舍利塔을 조성.
1694년(숙종 20)	공중사리비空中舍利碑를 건립.
1697년(숙종 23)	정수精粹 스님이 인월암印月庵을 창건.
1737년(영조 13)	석겸 스님 등이 사적판寺蹟板을 새김.
1752년(영조 28)	덕린德麟 스님이 홍련암을 중수.
1777년(정조 1)	화재로 인하여 원통보전을 제외한 전 당우가 불에 탐.
1778년(정조 2)	운학 스님 등이 화주가 되어 중건함. 이때 관청의 지시로 양양 지역 12개 면민이 중건 공사에 동원됨. 운학 스님이 「승당상량문」을 지음.
1797년(정조 21)	혜민慧旻 스님이 홍련암을 중수함.
1854년(철종 5)	경봉·염진恬眞·긍념肯念 등의 스님이 화주가 되어 원통보전과 용선전을 중수함. 어실각御室閣을 중수. 화봉華峰 스님이 「낙산사원통보전어실각수보기洛山寺圓通寶殿御室閣修補記」를 지음.
1866년(고종 3)	큰 비로 인하여 홍련암이 무너짐.
1869년(고종 6)	의연義演 스님이 홍련암을 중건.
1870년(고종 7)	최병복崔秉復이 「홍련암중건기」를 지음.
1888년(고종 25)	선학仙鶴 스님이 빈일루賓日樓를 중건.
1891년(고종 28)	선학·응암應岩 등의 스님이 용선전을 중건. 어실각을 중수함. 이병룡李秉龍이 「낙산사봉안어실각개건상량문」을 지음.
1893년(고종 30)	선학·인파仁坡 스님 등이 영산전을 중수. 일봉日峰 스님이 「오봉산낙산사영산전중수불사단호기」를 지음.
1895년(고종 32)	승당이 불에 타자 선학 스님이 중건.
1905년	경은敬隱 스님이 선당·후각後閣 등의 일부 당우를 새로 지음.
1908년	관음굴이 무너짐.
1911년	흥운興雲·청호晴湖 두 스님이 관음굴을 중건. 보룡寶龍 스님이 「낙산사관음굴상량문」과 「낙산사관음굴중창기」를 지음.
1912년	일제의 31본말사법에 의해 건봉사의 말사가 됨. 해성海星

	스님이 빈일루를 중건. 김동규金東圭가 「낙산사빈일루중수기」를 지음.
1913년	백월白月 스님이 「영세불망기」를 지음.
1914년	해성 스님이 천왕문을 중건하고 천왕상의 색을 다시 칠함. 주지 설호雪昊 스님이 요사를 수리. 학암鶴庵 스님이 「양양군낙산사사천왕소상채회급전각중건기」를 지음.
1918년	주지 응호應湖 스님이 법전과 요사를 수리.
1924년	주지 규현奎鉉 스님이 도량 전체를 수리.
1925년	만옹晩翁 스님이 의상대에 정자를 새로 지음. 만해萬海 스님이 「의상대기義湘臺記」를 지음.
1928년	만해 스님이 건봉사의 본말사 사적을 편찬하면서 낙산사의 사적도 함께 정리.
1930년	화재가 발생하여 사찰 일부가 불에 탐.
1932년	주지 만옹 스님이 중건. 박한영 스님이 「낙산사중건상량문」을 지음.
1937년	1936년의 폭풍우로 무너졌던 의상대 정자를 새로 지음.
1939년	박한영 스님이 「낙산사의상대육각정중건기」를 지음.
1950년	6.25전쟁 때 사찰 내 전체 당우가 불에 탐.
1953년	이형근 장군이 원통보전과 종각 등을 새로 지으면서 중창을 시작.
1959년	원통보전 내부의 신중탱화를 조성하여 봉안함.
1963년	홍예문 위의 누각을 새로 지음.
1968년	범종이 보물 제479호, 칠층석탑이 보물 제499호로 각각 지정됨.
1971년	홍예문·담장·낙산사 일원 등이 강원도유형문화재 제33·34·35호로 각각 지정됨.
1972년	원철圓徹 스님이 중창을 시작.
1974년	의상대가 강원도유형문화재 제48호로 지정됨.
1975년	의상대 중건. 홍련암 중창.
1976년	홍예문 중건.

1976년	홍예문 중건.
1977년	원철 스님이 해수관음상을 조성하여 봉안.
1982년	사리탑이 강원도유형문화재 제75호로 지정됨.
1984년	홍련암이 강원도문화재자료 제36호로 지정됨.
1993년	보타전을 건립.
1995년	붕괴 위험으로 일시 해체되었던 의상대를 육각정 형태로 복원. 심검당을 세움.
1997년	지홍 스님이 의상교육원 건립
1998년	『낙산사지』 발간
2005년	4월 5일 양양에서 번진 거대한 산불이 오봉산까지 옮겨 붙어 원통보전·의상기념관·고향실·심검당·홍예문 등 대부분 전각이 불타고 보물로 지정된 동종이 전소됨.
2005-2009년	주지 정념 스님이 화재로 소실된 일체의 전각을 복원·중창함.
2005년	낙산사 복지재단 설립
2006년	홍예문 복원
2007년	원통보전과 종각(범종과 동종)복원. 심검당·취숙헌·선열당·홍련암 연하당 중창. 노인요양원과 낙산유치원 개원.
2009년	정취전·설선당·응향각·빈일루·송월료·근행당을 복원하고, 고향실을 신축. 해수관음상 주변 정비. 무산지역 아동센터(의상도서관, 공부방) 개관. 양양포교당 무산사 신축.

건칠관세음보살좌상과 2009년 봉안된 후불탱

낙산사에 깃든 불교설화

관음보살은 이 세상의 중생들을 구하고자 여러 가지 모습으로 나타난다고 한다. 장소와 사람에 따라 다른 모습으로 나타나는 것은 그 사람의 근기根基에 맞추기 때문인데, 이런 종류의 얘기, 곧 사람이 부처나 보살을 만나 소원을 이루는 얘기를 영험담靈驗談이라고 한다. 여러 불보살 중에서도 관음보살의 영험담은 너무나 많아서 이루 헤아릴 수가 없다. 그것을 한데 모은 책을 『관세음응험기』라 하는데 일찍이 7세기 중국에서 편찬되었을 정도로 인기가 높았다. 그도 그럴 것이 죄 많이 짓고 사는 게 인생이고, 또 한 많은 게 사람살이인데 관음보살을 만나 죄를 씻고 소원을 이룬다는 것은 당연히 선망의 대상일 수밖에 없기 때문이다. 물론 아무나 관음보살을 만날 수 있는 것은 아니고, 자신의 잘못을 진심으로 뉘우치고 정성으로 깨달음을 구해야만 가능한 것은 다시 말할 필요가 없다.

설선당

❁ 낙산사에 깃든 불교설화

원효 스님과 관음보살

관음보살은 이 세상의 중생들을 구하고자 여러 가지 모습으로 나타난다고 한다. 장소와 사람에 따라 다른 모습으로 나타나는 것은 그 사람의 근기根基에 맞추기 때문인데, 이런 종류의 얘기, 곧 사람이 부처나 보살을 만나 소원을 이루는 얘기를 영험담靈驗談이라고 한다. 여러 불보살 중에서도 관음보살의 영험담은 너무나 많아서 이루 헤아릴 수가 없다. 그것을 한데 모은 책을 『관세음응험기』라 하는데 일찍이 7세기 중국에서 편찬되었을 정도로 인기가 높았다. 그도 그럴 것이 죄 많이 짓고 사는 게 인생이고, 또 한 많은 게 사람살이인데 관음보살을 만나 죄를 씻고 소원을 이룬다는 것은 당연히 선망의 대상일 수밖에 없기 때문이다. 물론 아무나 관음보살을 만날 수 있는 것은 아니고, 자신의 잘못을 진심으로 뉘우치고 정성으로 깨달음을 구해야만 가능한 것은 다시 말할 필요가 없다.

낙산사는 관음신앙 도량답게 관음보살에 얽힌 이야기가 꽤 많이 전한다. 그중에서도 백미는 신라의 원효 스님이 낙산사에서 관음보살을 친견하려 했지만 끝내 실패했다는 이야기가 아닐까 싶다. 의상 스님과 더불어 신라의 대표적 고승으로 꼽히는 원효 스님이니 당연히 관음보살을 친견해야 얘기가 될 것 같은데 그렇지 못한 것이 두고두고 전해져 내려오는 것을 보면 아이러니컬하기도 하고, 한편으로는 바로 이런 점에 불교의 매력이 있지 않나 싶다. 세상이 다 알아 주는 고승이니 당연히 관음보살을 친견한다는 도식에서 벗어나 그만한 고승도 인연이 안 되면 못 만날 수 있고, 또 그렇다고 해서 원효 스님의 명성에 금이 가는 일이 아닌 것, 바로 이것이 불교의 관용이고 무한한 생명력이 아닌가 싶다.

2005년 화마를 견뎌낸 홍련암

자, 그러면 지금부터 이야기의 전말을 소개한다. 서로 두터운 우정을 나누던 도반道伴15)인 의상이 동해의 관음굴에서 관음보살을 친견했다는 소문을 전해들은 원효는 의상에게 뒤질세라 관음을 친견하기 위해서 낙산사를 향했다. 경주를 출발하여 동해의 푸른 물을 벗 삼아

15) 함께 수행하는 벗. 흔히 사회에서 말하는 친구와 같은 말인데, 친구가 갖는 어감보다는 좀 더 격식이 있는 표현이다.

몇 날 며칠 동안 길을 가다가 드디어 낙산사 입구에 도착하면서 이야기가 시작된다.

원효가 낙산사의 남쪽 교외에 이르렀을 때 흰 옷을 입은 여인이 벼를 베고 있었다. 원효는 슬며시 장난기가 돌아 벼를 좀 달라고 청했다. 그런데 그 여인 역시 "벼가 없네." 하며 장난으로 대답했다.

원효는 멋쩍어서 아무 말 못하고 다시 길을 나섰다. 다리 밑에 이르렀는데 이번에는 다른 여인이 냇가에서 월수백(月水帛, 생리대)을 빨고 있었다. 목이 마르면 안 보이게 모른 척 옆에서 물을 떠 마시면 될 텐데, 이번에도 원효는 짖궂게 굳이 그 여인에게 가서 마실 물을 달라고 했다. 하지만 여인도 지지 않았다. 아무렇지도 않게 월수백 빨던 물을 떠서 주는 것이 아닌가. 원효는 그 물을 쏟아버리고 손수 깨끗한 물을 떠서 마시고 나왔다. 고약한 일이었다. 아무리 장난 좀 쳤기로서니 그 물을 내게 주다니… 보통 여인네가 아니야, 하고 혼자 중얼거렸다.

그때 들판에 있던 소나무 위에 앉아 있던 파랑새가 외치는 소리가 들렸다.

"제호(醍醐)를 마다한 이 화상(和尙)아!"

그리고는 어디론가 날아가 버렸다. 파랑새가 사람 말을 한 것도 놀라운데, 하는 말이 나더러 제호도 못 찾아먹었다고 놀리다니. 제호란 우유를 정제해서 만든 음식으로, 요즘의 버터로 생각해도 좋다. 석가모니 부처님이 오랜 고행을 마치고 니원 강에서 목욕하고 나오자 한 목녀(牧女)가 바친 음식인데 석가모니 부처님은 이것을 먹고 기운을 되찾아 본격적인 참선수행에 몰입하였다. 그런 제호를 누가 내게 주었고 또 나는 왜 놀랐다는 말일까? 놀란 원효가 가까이 가보니 그 소나무 아래에 신발 한 짝이 벗겨져 있었다. 그제야 뭔가 머릿속에서 번쩍하는 것이 있었다. 앞에서 만났던 여인들이 곧 관음보살의 진신임을 깨달았던 것이다.

　이 일이 있고 나서 사람들은 그 소나무를 관음송觀音松이라고 불렀다고 한다.

　원효는 두세 번씩이나 관음보살을 만나고도 알아보지 못한 자괴감은 있었으나 기왕 온 길이니 의상처럼 관음굴에 들어가 직접 관음보살을 뵈려 했다. 그러나 파도가 크게 일어 결국 들어가지 못하고 낙산사를 떠났다.

　이상은 『삼국유사』에 전하는 이야기인데 원문의 뜻은 살리되 나름대로 이해하기 좋게 약간 윤색하여 본 것이다. 원효 스님이 낙산사에 와서 관음보살을 친견하려 했으나 여러 번의 좋은 기회를 놓치고 실패한 이야기인데, 여기에 등장하는 원효는 꽤나 실없는 사람으로 비치는 게 재미있다. 원효 스님의 진면목은 분명 아닐 텐데 여기서는 이런 캐릭터로 그려진 배경이 따로 있지 않을까 싶다.

　임춘林椿은 원효 스님이 낙산사의 관음보살을 친견하기 위해 갔었다는 이야기를 두고 다음과 같이 시를 지어서 추억했다.

일찍이 들었노라, 거사는 늙은 유마라고
지팡이 휘달려 허공을 건너 만리를 지났다.
이미 문수를 보내어 문병했으니
일없이 비야리를 나오지는 않았으리.

曾開居士老維摩
飛錫凌空萬里過

已遣文殊來問疾

不應無事出毘耶

그런데 이야기 맨 끝에 나오는 파랑새가 앉았던 관음송은 아마도 고려시대까지만 해도 낙산사의 명물이었던 모양이다.

12세기 후반 임춘이 낙산사를 찾아갔을 때도 이 관음송이 있어서 이것을 보고 다음과 같이 말했다.

낙산의 서쪽을 지나는데 길가에 외로운 소나무가 있다. 마디와 눈이 크고 가지와 줄기가 구불구불하여 땅과 주위를 수십 걸음이나 덮었다. 기이하구나. 소나무가 이처럼 기이한 것이 세상에 다시 있겠는가!

임춘이 보았던 관음송은 14세기 후반인 고려 말까지도 그대로 살아서 원효 스님에 얽힌 설화를 전해 주고 있었던 것이다.

한편 여인이 월수백을 빨던 냇가 역시 관음송 못지않게 명소였던지, 고려의 문인 정추(鄭樞, ?~1382)는 「냉천(冷泉)」이라는 시를 지었다.

여인의 옛터에는 띠풀이 섬돌을 덮었고

원효의 유적에는 나무가 하늘에 닿았구나.

누대에 올라 서로 다른 꿈 맺고자 한다면

꿈속에서도 응당 냉천을 뜨리라.

德女故居莎履喘

낙산사 부근 소나무(2009년 촬영)

曉公遺跡樹連天

登樓擬結相異夢

夢裏還應酌冷泉

감로수와 관음상

　　원효 스님이 빨래하던 여인으로부터 물을 얻어 마시고자 했던 냇가를 냉천이라 불렀던 것인데, 사실 냉천이라는 말은 이 시 이전에도 있었다. 명종明宗 때의 김극기(金克己, 1150~1204)의 시 가운데, "물결 사이에 냉천 엿보던 객客이 방불하다."는 구절이 있다. 아마도 냉천이라는 말은 이 시에서 비롯된 것이 아닌가 한다. 조선시대 초기까지도 냉천

은 이 지방의 중요한 고적으로 알려져『신증동국여지승람』에,

> 세간에 전하기를, 관음보살이 여인으로 화해서 벼를 베고 있었는데 원효가 냉천 물을 마시면서 함께 익살스러운 대화를 나누었다고 전한다.

고 기록되어 있다.

범일국사와 정취보살

의상대사가 낙산사를 창건하고 관음보살상을 봉안했다는 얘기는 앞에서 하였다. 이 관음보살상은 낙산사 관음신앙의 상징으로 특별한 의미를 지니고 있다고 하겠다. 그런데 그로부터 200년쯤 뒤에 또 다른 의미 있는 보살상이 봉안되는데 바로 정취보살상이다. 이 보살상은 범일 스님이 모신 것인데, 여기에는 깊은 사연이 전한다.

범일 스님과 낙산사는 대체 어떤 인연이기에 정취보살상이 봉안되었는지 살펴보기 전에 범일 스님에 대해 알아보고 넘어가는 게 순서일 것 같다.

통효대사通曉大師 범일은 이른바 구산선문九山禪門의 하나인 사굴산의 개산조開山祖로 유명하다. 지금의 강릉인 명주溟州에서 출생했고, 그의 할아버지는 명주를 통치하는 도독都督이었으며, 그 또한 강릉의 굴산사를 중심으로 활동했기 때문에 이 지방에는 범일 스님과 관련된 유적이나 전설이 많이 전한다. 말하자면 강릉 지방 출신의 명사였던 셈이다.

열다섯 살에 출가하여 스무 살에 구족계具足戒[16]를 받았으며,

[16) 구족계란 승려가 받아 지켜야 할 계율을 말한다. 고대 인도어에서는 Upasampanna라 했다. 비구는 250계를 받고 비구니는 348계를 받는다. 사미계를 받은 사람으로 보통 스무 살 이상 되면 받는 것이 근본 제도였다.

827~835년 사이에 중국 당나라에 불법을 공부하러 유학했다. 그곳에서 당대의 선지식을 두루 찾아 공부하던 끝에 염관 제안鹽官濟安선사를 만나 그의 법을 얻었다. 그 뒤 847년(문성왕 9)에 신라로 귀국하였고 851년 명주 도독의 요청을 받아 굴산사로 옮겼으며, 이곳에서 40여 년을 주석했다. 신라에서는 경문왕·헌강왕·정강왕 등 세 임금이 모두 특별한 예의로써 멀리서나마 스님을 존경해 마지않았고, 국사로 가까이서 모시고자 했으나 스님은 끝내 임금이 있는 경주로 가지 않았다. 889년(진성왕 3) 4월 말일에 제자들을 불러 작별을 고하고 입적하니 세수 80세였다.

범일 스님은 낙산사에 불전을 짓고 정취보살상을 봉안한 바 있는데, 그때는 그가 굴산사에 주석하고 있던 858년(헌안왕 2)의 일이다. 말하자면 설화는 설화이되 현실적인 상황이 물씬 풍기는 그런 이야기다. 『삼국유사』에 전하는 정취보살상이 봉안된 유래는 다음과 같다.

훗날 굴산조사로 추앙받은 범일 스님은 젊은 시절에 당나라에 들어갔다. 명주에 있는 개국사開國寺에서 수행하고 있었는데, 하루는 왼쪽 귀가 잘린 한 스님이 말석에 앉아 있다가 스님에게 다가와 이렇게 말했다.

"저도 신라 사람입니다. 집은 명주 부근 익령현翼嶺縣 덕기방德耆坊에 있지요. 스님께서 훗날 본국으로 돌아가시거든 제 집을 지어 주시면 고맙겠습니다."

스님은 의아스럽기도 했지만 이역만리에서 고향사람을 만난 반가움이 컸는지 깊이 생각하지 않고 일단 승낙하였다.

얼마 뒤 스님은 개국사를 나와 여러 곳을 두루 다니다가 염관 제안 스님으로부터 법을 얻고 847년 서른여덟 살에 고국으로 돌아왔다. 중국에서 성공적인 유학을 마친 스님은 신라에서도 손꼽는 선승으로 유명해졌다. 선종을 널리 알리고자 가장 먼저 강릉에 굴산사를 세웠다. 그렇게 10년이 지난 858년의 일이었다. 2월 보름날이었는데 꿈에 전에 중국에서 보았던 한 귀가 잘린 스님이 나타났다. 그 스님은 범일 스님의 처소 창문 밑에 와서 말했다.

"전에 명주 개국사에서 스님과 언약을 하여 이미 승낙을 하셨는데 어찌 이렇게 실천이 늦습니까?"

무척 섭섭해하며 책망하는 말이었다. 스님은 놀라 깨어났다. 그제야 10년 전 자신이 약속했던 일이 떠올랐고 그동안 까맣게 잊어버린 자신을 자책했다. 기억을 더듬어보니 익령 부근 덕기방이 집이라는 것도 생각났다. 날이 밝자마자 사람들을 데리고 익령에 가서 덕기방이라는 곳을 찾았으나 그런 지명은 없고, 다만 한 여인이 낙산 아랫마을에 사는데 그 이름이 덕기德耆라고 했다. 스님은 그곳을 찾아가 보았다. 여인을 찾아가 자초지종을 설명했으나 여인은 그런 사람은 모른다고 했다. 그렇지만 여인이 말하기를, 자신의 여덟 살 난 아들이 늘 마을 남쪽에 있는 돌다리 근처에 나가 놀곤 했는데 며칠 전에는 같이 노는 아이 가운데 금빛 나는 아이가 있다고 말하더라고 했다.

이 말을 들은 스님은 놀랍고 기쁘기도 하여 아이를 데리고 그 아이가 놀던 다리 밑에 가보니, 물속에 돌로 만든 보살상 하나가 있는 것이 보였다. 꺼내어 보니 왼쪽 귀가 떨어져 있는 것이 영락없이 예전 중국에서 만났던 그 스님이었다. 스님은 단박에 이 보살상이 정취보살인 것을 깨달았다.

이에 범일 스님이 절 지을 곳을 점쳐보니 낙산 위가 좋다고 하므로, 불전 3칸을 짓고 그 상을 모셨다.

우리나라에는 꿈에서 계시를 받아 불상이나 보살상을 발견했다는

강릉 굴산사지 부도(보물 제85호)

847년(문성왕 9)에 통효대사 범일 스님이 창건했다. 현재 폐사되어 절터에 보물 제85호인 부도와 보물 제86호인 당간지주 등이 남아 있다.

이야기가 적잖게 전해 온다. 예를 들면 역시 『삼국유사』에 나오는 이야기로, 7세기 중반 신라 선덕왕 때 경주 도중사道中寺의 생의生義 스님이 꿈에 남산의 남쪽 골짜기에서 미륵불을 보고난 뒤 실제로 그곳에서 불상을 발견하여 삼화령三花嶺으로 옮겨 모셨던 적이 있다. 이른바 삼화령 불상이라는 것인데 삼화령 바위 위에 실제로 불상의 대좌가 남아 있으며, 현재 국립경주박물관에 봉안된 삼화령 불상이 그 자리에 앉아 있던 불상으로 추정되기도 한다.

 그러니까 범일 스님이 정취보살상을 발견한 것도 일종의 영험설화로 볼 수 있을 것 같다. 다만 여기에서 한 가지 의문이 나는 것은 범일 스님이 이 석상을 보자마자 어떻게 정취보살상이라는 것을 알았는가

정취전

하는 점이다.

정취보살상 자체에 어떤 특별한 특징이 있는 것은 아니다. 그러니 석상의 모습을 보고 알아본 것은 아닐 것이고, 범일 스님은 어떤 직관에 의해 정취보살상이라고 판단했을 것으로 생각된다. 정취보살은 극락 또는 해탈의 길로 빨리 들어서게 한다는 보살인데 관음보살과 마찬가지로 『화엄경』의 「입법계품」에 등장한다. 구도자 선재동자가 53분의 선지식을 찾아가는데 관음보살 바로 다음인 29번째로 정취보살을 만난다. 범일 스님은 아마도 낙산사가 관음신앙 도량이므로 그 다음에 친견한 이 보살상을 선재동자의 구법 순례 여정에 맞추어 정취보살로 판단했을 가능성이 높아 보인다.

삼화령 불상(국립경주박물관 소장)

그런데 범일 스님이 낙산사에 정취보살상을 봉안한 것에는 또 다른 의미가 있다. 범일 스님이 중국에서 만난 고국의 스님은 왼쪽 귀가 없는데다 가장 끝자리에 앉는 초라한 행색의 스님이었으나 사실은 정취보살의 화신이었다. 보살은 화려하고 위세 높은 인간의 모습으로 화현하기보다는 대개 평범한 인간, 또는 사람들이 멸시할 만큼의 초라한 모습으로 나타나 차별심에 사로잡힌 사람들을 일깨운다는 것이다. 그래서 근래 『선 이야기』라는 책에서, '십 년이 지나서 범일 스님의 꿈에 나타나 자신과의 약속을 잊고 있는 범일에게 망각을 일깨운 정취보살의 화신은 역시 교단의 지도자가 젖어들기 쉬운 자만을 일깨운 것'이라는 저자 일지 스님의 주장에 고개가 끄덕여진다.

범일 스님이 정취보살을 낙산사에 다시 봉안한 뒤부터 100여 년이 지나 들불이 번져 낙산사를 태울 때도 오직 관음보살상과 정취보살상이 봉안되어 있던 두 불전만은 화재를 면할 수 있었다고 한다. 정취보살상의 영험이었을까!

조신의 꿈

낙산사에 얽힌 여러 이야기 가운데 가장 드라마틱하고 문학적인 글이 바로 지금 소개하는 '조신의 꿈'이 아닐까 한다. 아니 굳이 낙산사라는 공간을 떠나서 보더라도 우리의 고대 설화 가운데 이만하게 상상력과 감성을 자극하는 플롯이 과연 있을까 싶다.

먼저 『삼국유사』에 있는 이야기를 소개해 본다.

강원도 영월 대화산大華山에 세달사世達寺가 있었다. 의상대사의 손제자孫弟子 신림神琳이 이 절에 주석했던 사실로 보아서는 8세기 중반 무렵에 창건된 화엄종 사찰로 보인다. 이 세달사에 딸린 부속 농장인 장원이 강릉에 있었는데, 젊은 승려 조신調信이 장원에 파견되어 관리하고 있었다.

그런데 조신은 태수 김흔金昕의 딸을 짝사랑하고 있었다. 승려의 신분이라 맺을 수 없는 인연이었건만 감정을 누르지 못하고 낙산사 관음보살에게 가서 자신과 그 여인을 맺어지게 해 달라고 날마다 기도했다. 그러나 그로부터 몇 년 있다가 조신은 그 여인이 결혼한다는 소식을 들었다. 그날 조신은 관음보살상 앞에서 원망하며 날이 저물도록 슬피 울다가 지쳐서 잠이 들었다. 한참을 그렇게 잤을까. 누군가 깨워 눈을 떠보니 꿈에도 그리던 그 여인이 아닌가! 여인은 웃으면서 조신에게 말했다.

"저도 속으로 스님을 사랑했지만 부모님의 명령을 못이겨 다른 사람에게 시집갔습니다. 그러나 이제 스님과 부부의 연을 맺고자 다시 왔습니다."

조신은 너무 기뻐 입을 다물지 못했다. 그냥 있으면 누군가 와서 방해할까 싶어 곧바로 함께 고향으로 돌아가서 함께 살았다. 세월은 화살처럼 빨리 흘러가 어언 40여 년이 훌쩍 지났다. 둘은 자녀 다섯을 두었지만 몹시 가난하여 생계를 꾸리기조차 어려웠다. 10여 년을 사방으로 돌아다니며 헐벗고 굶주리다 열다섯 살 난 큰아이는 굶어 죽기까지 했다. 그 아이를 해현蟹縣에다 묻고 네 자녀를 데리고 우곡현狗曲縣의 길가에 띠집을 짓고 살았다. 늙고 병들었으며 또한 굶주려서 일어나지도 못했다.

하루는 열 살 난 딸이 밥을 얻으러 다니다가 개에게 물려 울면서 와서 부부 앞에 눕자 그들도 함께 흐느껴 울었다. 이렇게 해서는 도저히 살아갈 수 없다. 갑자기 부인이 눈물을 훔치면서 말했다.

"내가 당신과 처음 만났을 때는 얼굴도 아름다웠고 나이도 젊었습니다. 그리고 의복도 고운 것이었습니다. 한 가지라도 맛좋은 음식이 있으면 당신과 나누어 먹었고, 두어 자 옷감이 생겨도 당신과 함께 지어 입었습니다. 이렇게 살아온 지 15년, 정은 더할 수 없이 쌓였고 사랑은 얽히고 설켜 정말 두터운 연분이라 할 만합니다.

그러나 근년 이래로 노쇠와 병고는 날로 더욱 깊어가고, 굶주림과 추위에 나날이 괴로워하게 되었습니다. 곁방 한 칸, 간장 한 병 구걸도 사람들은 용납해 주지 않았고, 수많은 집 문전에서 당하는 수치는 무겁기가 산더미 같습니다. 아이들이 추위에 떨고 굶주림에 지쳐 있어도 그것 하나 면하게 해 주지 못하고 있습니다. 상황이 이러한데 어느 겨를에 부부간의 애정을 즐기겠습니까? 젊은 얼굴 예쁜 웃음은 풀잎 위의 이슬 같고, 굳고도 향기롭던 그 기약도 한갓 바람에 날리는 버들가지 같구려!

당신에게는 내가 있어서 짐이 되고, 나는 당신 때문에 괴로워하고 있습니다. 곰곰이 지난날의 환락을 생각해 보면 그것이 바로 번뇌로 오르는 계단이었습니다. 당신이나 나나 어찌하여 이 지경에 이르렀습니까? 뭇 새가 모여 있다가 함께 굶어 죽기보다는 차라리 짝 없는 난새가 거울을 향하여 짝을 부르는 것이 낫지 않겠습니까? 순경順境일 때는 붙들고 역경일 때는 버리는 것이 인정의 차마 하지 못할 짓이기는 합니다만, 그러나 가고 머무는 것은 사람의 뜻대로만 되는 것이 아니요, 헤어지고 만남에는 운명이 있습니다. 바라건대 여기서 우리 서로 헤어지도록 해요."

조신은 아내의 제의를 듣고 그럴 수밖에 없다고 생각했다. 네 아이들을 각각 둘씩 나누어 갈라서려 할 때 아내가 다시 말했다.

"나는 고향으로 갈 테니 당신은 남쪽으로 가세요."

서로 잡았던 손을 막 놓고 돌아서서 길을 나서려 할 때, 번개가 치는 듯이 눈이 번쩍 떠졌다. 깜짝 놀라 살펴보니 자신은 낙산사 법당 관음보살상 앞에 엎드려 있었고, 주위를 둘러보니 쇠잔한 등불은 어스름한 불 그림자를 너울거리고 있는데 심지가 타들어간 것을 보니 어언 새벽이 다 된 모양이었다. 한바탕 꿈이었다. 그제야 조신은 자기가 길고 긴 꿈을 꾸고 있었던 것을 알았다.

이튿날 아침 물에 비친 자신의 얼굴을 보니 수염과 머리털이 하얗게 세어 있었다. 조신은 망연히 넋이 나간 듯, 인간 세상에의 뜻이라곤 전혀 없어졌다. 이미 인간의 그 고된 생애에 대해 염증이 느껴짐이 마치 실제 백 년의 신고辛苦에 시달린 것 같았다. 탐욕의 마음은 얼음이 녹듯이 없어져 버렸다. 관음보살을 대하기가 부끄러워 참회를 금하지 못했다. 그리고 해현으로 가서 꿈에 아이를 묻었던 곳을 파보니 그곳에서 돌미륵이 나왔다. 깨끗이 씻어서 그 부근의 절에 봉안하고, 장원 관리 임무를 그만두고 경주로 돌아갔다. 그리고 자신의 돈을 들어서 정토사淨土寺를 세우고 부지런히 수행을 닦았다. 그 뒤 조신이 어느 곳에서 세상을 마쳤는지 아는 사람은 없었다.

이상이 『삼국유사』에 전하는 '조신의 꿈' 이야기다. 종교적으로 말한다면 이 설화는 낙산사 관음보살의 영험을 강조하는 것인데, 동시에 불교의 무상관無常觀을 마치 눈앞에 펼쳐보이듯 구체화시키고 있다. 『잡보장경雜寶藏經』 중에 있는 '사라나비구娑羅那比丘의 꿈' 이야기와 플롯이 비슷하고, 중국 당대唐代에도 이 같은 환몽幻夢 설화가 있다. 조신의 꿈 이야기도 그와 같은 환몽 설화에 속하는데, 그 배경이 낙산사 관음보살과 관련되어 있기에 눈길을 끈다.

이 글을 읽어보면 그때까지 전해져 온 이야기를 『삼국유사』에 수록한 일연一然 스님 스스로가 진한 감동을 받은 것이 아닐까 싶게 아주 사실적이고 감성적으로 묘사되어 있다. 특히 나중에 조신의 아내가

새롭게 복원된 원통보전과 대성문

낙산사에 깃든 불교설화 91

말한 독백 같은 흐느낌에는 지난날에 대한 회한이 절절이 배어 있어 읽는 사람의 눈시울을 적신다. 잘못된 만남과 어긋난 사랑에 대한 대가치고는 너무 컸다. 그러니 비단 일연 스님뿐 아니라 후대의 많은 사람들에게 똑같이 많은 감동을 주었던 것은 당연한 일이다. 특히 문학가에게 영향이 커서 조선시대 후기의 감수성 짙은 작가 서포西浦 김만중(金萬重, 1637~1692)이 『구운몽九雲夢』을 짓는 데 직접적 영감을 주었고, 근대에 들어와서도 춘원春園 이광수李光洙는 이 설화를 윤색해서 『꿈』이라는 소설을 완성하기도 했다.

조신처럼 사람이 자신의 인생을 미리 안다면 얼마나 좋을까. 인생은 지내고 보면 늘 후회투성이인데 미래를 미리 알 수만 있다면 그런 실수를 다시는 하지 않을 수 있지 않을까. 조신의 꿈 설화가 마음속에 더욱 다가오는 것도 이런 이유가 아닐런지.

파랑새를 만난 유자량

낙산사는 관음신앙의 성지답게 수많은 영험설화를 간직하고 있다. 의상·원효·범일 등의 고승에서부터 일반 사람들에 이르기까지 이곳에서 신앙적 영험을 겪은 사람들은 수없이 많았다. 특히 관음보살과 관계된 신앙 전통은 매우 오랫동안 전승되었으며, 지금 이 순간에도 그 같은 신앙적 체험을 하고 있는 불자가 분명 존재하고 있지 않을까.

유자량이라는 인물도 고려시대에 뚜렷한 관음신앙의 체험담을 남긴 인물이다. 앞서 낙산사의 연혁을 설명하면서 간략히 소개한 바 있는데, 그는 1197년 이곳 낙산사에서 파랑새와 관련한 일화를 남겼다.

그러면 『신증동국여지승람』에 전하는 내용을 다시 옮겨 보도록 하겠다. 이미 원효 스님과 관계하여 소개한 바 있는 파랑새와 관련된 영험설화도 담고 있는데, 특히 파랑새에 얽힌 영험설화는 상당히 오랫동안 전승되었던 것 같다. 유자량과 관계된 내용이 다음과 같이 전한다.

명종 정사년(1197)에 유자량이 병마사兵馬使가 되어 10월에 이곳 관음굴 앞에 와서 분향 배례하였더니, 파랑새가 꽃을 물고 날아 와서 복두(幞頭, 갓의 한 가지) 위에 떨어뜨린 일이 있었는데 세상에서는 매우 드문 일이라 한다.

원효 스님은 파랑새가 곧 관음보살의 화신이라는 사실을 깨닫지 못했다고 하지만, 아마도 후세의 사람들은 그 설화를 통해 파랑새를 단 한 번이라도 친견할 수 있었으면 하는 바람을 간절히 품고 있었을 것이다. 그런 소망들이 계속 이어지는 상황에서 파랑새가 유자량의 갓 위에 꽃을 놓고 갔다는 사실은 그야말로 모든 사람들이 부러워하지 않을 수 없는 일이었을 것이다.

유자량과 파랑새에 얽힌 이 이야기는 내용은 짧지만 상당히 소중한 의미를 지니고 있는 영험담이다. 원효 스님이 파랑새를 보았다고 하는 시점부터 무려 500여 년 이상이 흘렀음에도 불구하고, 낙산사를 찾는 불자들에게 파랑새는 여전히 관음보살의 화신으로 인식되고 있었기 때문이다. 이처럼 신앙이라는 것은 대단한 생명력을 지니고 있으며, 오늘의 낙산사는 분명 그 같은 신앙이 결집되어 존재하고 있는

홍련암에서 내려다본 관음굴

것으로 보아야 한다.

    그러면 유자량은 정말 우연한 기회에 파랑새의 영험을 겪게 된 것이었을까? 비록 자세한 내용은 알 수 없지만 그는 대단한 불심佛心을 소유했던 불자로 알려져 있다. 『고려사高麗史』에 그와 같은 면이 잘 나와 있다.

    고종高宗 때 여러 차례 관직에 임명되어 상서좌복야(尙書左僕射, 정 2품)의 관직이 되었으나 나이가 많다며 관직에서 물러나게 해달라고 요청하였다. 관직에서 물러난 재상들과 함께 '기로회耆老會'라는 것을 만들어 부처님 섬기기를 심히 돈독하게 하였다.

매우 간략한 표현이지만 이 같은 내용을 특별히 적어 놓고 있다는 것은 그의 불교 신앙이 워낙 돈독하였음을 의미한다. 유자량은 여러 관직을 거치면서 백성들로부터 자자한 칭송을 들었던 당시의 대표적 명관이었다. 이러한 그가 나이가 들자 스스로 관직을 내놓고 은퇴한 동료 재상들과 함께 기로회라는 단체를 만들어 불교 신행활동에 몰두하였던 것이다. 이로써 유자량은 역사에 기록될 정도로 돈독한 신심을 가지고 있었던 인물이었음을 알 수 있으며, 그가 파랑새의 영험을 경험하게 된 것도 결코 우연에서 나온 일이 아니었음을 충분히 느낄 수 있다.

낙산사와 파랑새

위에서 유자량과 파랑새에 얽힌 이야기를 소개했는데, 사실 파랑새는 오랜 옛날부터 낙산사를 말하면서 빼놓을 수 없는 중요한 아이콘이 되어 왔다. 낙산사에 가면 꼭 찾아보았으면 하는 것이 관음굴이요 관음상이지만, 내심으로는 파랑새를 보았으면 했던 것이니 파랑새가 곧 관음보살의 화신으로 여겼기 때문이다.

파랑새는 어떤 새일까? 백과사전에 나와있는 것을 요약하면 파랑새목 파랑새과로 몸길이 29.5센티미터에 몸은 선명한 청록색이며 머리와 꽁지는 검은색을 띤다고 한다. 특히 첫째 날개깃 중앙에 창백한 코발트색 무늬(날 때는 흰색으로 보인다)가 있고, 부리와 다리는 산호색을 띤 붉은색이다. 그러니까 온통 파란색은 아니지만 사람이 보기에는 거의 파란색만 보일 것이다. 주로 큰 고목이 드문드문 있는 침엽수림이나 공원 또는 농경지 부근에서 살며 나무 구멍에 둥지를 틀고 번

관음굴 부근 바위에 앉은 관음조(파랑새)

식하며 주로 나무 위에서 생활한다고 한다. 우리나라에서는 흔하지 않은 여름새로, 5~7월에 왔다가 10월이면 열대지방으로 간다고 하니 확실히 아무나 쉽게 볼 수 있는 새는 아닌 모양이다. 북한에서는 묘향산 파랑새가 북한천연기념물 제80호로 지정되어 있다.

　파랑새라는 새의 실체를 알기 위해서 인용하기는 했지만, 사실 이런 사전적 정의는 별로 중요하지 않다. 보다 중요한 것은 우리가 갖는 파랑새에 대한 이미지다. 우리는 어려움 속에서 희망을 얘기할 때 파랑새를 떠올린다. 파랑새 학교, 파랑새 신문, 파랑새 이야기 등등 생활 주변에서 파랑새가 들어간 이름은 모두 희망에 대한 갈구를 표현하고 있다. 1976년 조지 쿠커가 감독한 영화 '파랑새'는 제인 폰다, 에바 가드너, 엘리자베스 테일러 등의 명배우가 출연하여 불행 속에서 희망을 좇는 남녀 군상의 모습을 그리고 있다. 비록 현재의 일상에는 무관심할지언정 미래의 행복을 그리는 것을 파랑새 증후군이라고 부른다. 이렇게 파랑새는 우리의 인식 속에서 희망의 상징으로 자리 잡고 있음을 알 수 있다.

그것은 옛날도 마찬가지였던 모양으로, 어느 때인가 여러 새 가운데서도 파랑새가 불교에 들어와 관음보살의 화신으로 인식되었던 것 같다. 그래서 관음보살의 상주처로 여겨지던 낙산사에 자연스럽게 파랑새의 이미지가 만들어졌고, 나아가 오늘날에는 낙산사를 이해하는 데 있어서 중요한 키워드가 되고 있는 것이다. 사람들이 얼마만큼 낙산사와 파랑새를 연관시켜 생각했는지는 이 글을 통해 여러 차례 언급했는데, 이제 마지막으로 조선시대 숙종(肅宗, 1661~1720) 임금이 지은 시 속에 드러나 있는 파랑새를 소개해 보도록 하겠다.

낙가봉에 올라가 보니
바람 불고 옅은 구름에 달빛은 짙어라
관음보살의 가르침 알려 한다면
응당 꽃을 입에 문 파랑새를 만나야만 하리

快登南里洛伽峯
風捲纖雲月色濃
欲識圓通大聖理
有時靑鳥啣花逢

고려나 조선시대에 왕이 사찰과 관련된 시를 지은 경우는 매우 드물다. 그런데 낙산사에 대한 시를 지었다는 것은 확실히 낙산사의 위상이 보통이 아니었음을 짐작하게 한다.

혹시 이 시를 숙종이 지었다는 분명한 근거가 어디 있느냐고 반문할 사람이 있을지 모른다. 하지만 이 시는 옛날 낙산사에 현판으로 걸렸던 것으로, 이 시에 뒤이어 숙종의 사랑을 받으며 고위관료를 지냈던 채팽윤[17]이 그 일의 전말을 기록하며 자신도 시 한 수를 남겼다. 여기서 그치지 않고 이 현판에는 채팽윤에 뒤이어 남용익(南龍翼, 1628~1691), 조종저(趙宗著, 1631~1690), 오도일(吳道一, 1645~1703) 등의 명사가 앞선 사람들의 시 운에 맞추어 지은 시가 실려 있다. 모두 숙종 연간에 활동했던 문인들이다. 요즘 식으로 보면 댓글인 셈이다. 다만 이 현판은 기록에만 남아 있을 뿐, 어느 때부터인가 없어져서 지금은 실물을 볼 수 없는 게 아쉽다.

낙산사와 양류관음도

고려 불화 가운데 양류관음도楊柳觀音圖라는 게 있다. 이름 그대로 관음보살을 그린 그림인데 여기에는 몇 가지 고정적인 패턴이 있다. 양류관음도 가운데 가장 유명한 서구방徐九方의 그림을 살펴보기로 한다. 이 그림은 1393년(충숙왕 10)에 그린 것인데 아쉽게도 지금은 일본으로 유출되어 있다.

우선 두광과 신광을 갖춘 관음보살이 화면 중앙의 중심에 배치되어 바위 위에 걸터앉아 있는 모습이 커다랗게 그려지고, 그 주위는 역시 울퉁불퉁한 암석으로 둘러싸여 있다. 암석 뒤로는 대나무 두 그루가 솟아 있고 화면 위 오른쪽은 대나무잎이 무성하다. 관음보살의 오른

---

[17] 채팽윤(蔡彭胤, 1669~1731). 조선 후기의 문신. 본관은 평강平康. 호는 희암希菴·은와恩窩. 어려서부터 신동이라 불렸고, 특히 시문과 글씨에 뛰어났다. 1689년 과거에 1등으로 급제한 뒤 여러 벼슬을 지냈다. 왕명에 따라 바친 시들이 숙종의 격찬을 받았고, 시회에 가서는 언제나 상을 받았다. 특히 그가 궁중에 있을 때면 언제나 숙종이 보낸 내시가 뒤따라다니며 그가 읊은 시를 몰래 베껴 바로 숙종에게 올릴 만큼 시명詩名을 날렸고, 숙종의 총애를 받았다. 그러니까 숙종이 낙산사 시를 지은 것에 대해 그가 찬문을 지은 것은 어쩌면 당연한 일일 것이다. 1724년 영조의 즉위 이후에도 계속해서 중용되어 오늘날의 대통령 비서실장에 해당하는 도승지를 비롯하여 대사간, 예문관 제학, 병조 참판, 동지의금부사, 부제학 등을 지냈다. 그가 지은 문장 가운데 불교와 관련 있는 것으로 전라남도 해남의 대화사중창비大花寺重創碑와 대흥사사적비大興寺事蹟碑가 있다.

손 옆에는 위로 툭 솟은 바위 위에 쟁반이 있고 그 안에 버들가지가 꽂혀 있는 정병淨瓶이 있다. 어느 그림이나 이 위치에 정병 안에 꽂힌 버들가지가 그려지기 때문에 양류관음도라고 부른다. 오른쪽 발을 왼쪽 무릎 위에 포개서 앉는 이른바 반가부좌半跏趺坐한 관음보살의 발 아래에는 연꽃이 있고 그 주위에 물결이 출렁이고 있는 것이 보인다. 그리고 화면 아래 오른쪽에는 역시 바위가 듬성듬성 표현되어 있다. 화면 왼쪽 아래에는 동자 한 사람이 합장하고 무릎을 꿇어 위를 쳐다보고 있다. 이 시선을 따라 대각선으로 위로 쭉 올라가면 관음보살의 자비스런 두 눈과 이어지게 된다. 이 동자는 곧 선재동자로 관음보살을 친견하고 있는 중이다.

자, 이상과 같은 구도와 또 화면에 등장하는 인물과 여러 배경을 볼 때 왠지 낯설지 않은 장면이라고 생각되지 않는가.

낙산사가 창건될 때를 떠올려보자. 의상 스님이 관음보살을 친견하기 위해 바닷가에서 14일 동안 수행한 다음 드디어 친견하였고, 바위 위에 대나무 한 쌍이 돋아날 터이니 그 위에 불전을 지으라는 관음보살의 말씀에 따라 전각을 짓고 관음보살상을 봉안하였다는 창건설화는 앞에서 말했다. 그런데 가만히 보면 이 창건설화와 양류관음도의 구도 및 구성이 매우 흡사하다는 사실을 알 수 있다. 양류관음도의 배경은 바위와 물이다. 바위는 관음굴 주변의 지형과 비슷하고, 또 물도 다름 아닌 바다를 그린 것이다. 낙산사와 홍련암을 가본 사람이라면 이 그림에 나오는 바위가 홍련암 주변과 신기하게 닮았다고 생각할 것이다. 그림에는 또 대나무 두 그루, 곧 한 쌍이 솟아 있는데 이것은

수월관음도(호암미술관 소장)

관음보살이 의상 스님에게 말했던 바로 그 대나무와 부합한다. 그렇다면 선재동자는? 다른 양류관음도에는 선재동자가 아니라 스님의 모습을 한 것도 있어서 이 구도자는 관음보살을 찾은 의상 스님으로 생각해 볼 수도 있는 것이다. 그리고 이 그림에는 표현되어 있지 않지만, 어떤 고려 양류관음도 가운데는 화면 왼쪽 위에 파랑새가 날고 있는 모습도 있다. 자, 이 정도면 양류관음도의 구도와 배경이 의상 스님이 관음보살을 친견하는 장면과 거의 일치하고 있다고 생각해 볼 수 있지 않을까?

양류관음도가 의상 스님이 관음보살을 친견한 뒤 낙산사를 세웠던 일을 기념하여 그린 것이 하나의 패턴으로 정착된 결과인지 아닌지는 이 자리에서 분명하게 말하기는 어렵다. 거기에 대한 뚜렷한 문헌적 근거가 없으니까. 하지만 위에서 본 것처럼 분명 어느 정도 연관성은 있는 게 아닐까 하는 추정은 나름대로 설득력이 있다고 본다. 의상 스님이 관음보살을 친견하고 낙산사를 창건한 사실은 하나의 역사적 사실로 『삼국유사』에도 실려 있으니, 고려 사람들은 이것을 충분히 인지하고 있었을 것이다. 그리고 그 일을 기념하기 위하여 그림으로 표현했던 것이 결국 하나의 형식으로 굳어졌고 이것이 우리가 지금 보는 양류관음도가 아니겠는가 하는 것이다. 확실히 양류관음도의 그림 속에는 이런 역사적 사실이 담겨 있다고 보인다. 요즘 잘 쓰는 말로 한다면 '다빈치 코드'에 앞서는 '의상 코드'라고도 할 수 있지 않을런지. 아무튼 이래저래 낙산사는 신비의 절이다.

낙산사의 문화재

2005년 4월의 화재로 낙산사의 가람은 크게 손상을 입어 기본 골격이 무너졌다고 해도 과언이 아닐 만큼 변했다. 바다를 앞에 두고 산을 뒤로 한 정갈하고 그윽한 가람이 그 모습을 잃어버린 것은 정말 가슴 아픈 일이었다. 1950년에 일어난 6.25전쟁 이후로 가장 큰 피해를 입은 것인데, 복원 중창이 계획대로 잘 이루어져 예전의 규모 이상으로 회복된 것은 무척 반가운 일이다. 그런데 사람들 가운데는 6.25전쟁 직후 원통보전을 지으면서 시작된 중창이 다소 문제가 있었다고 얘기하기도 한다. 전쟁통에 짓다 보니 너무 졸속이 아니냐는 문제제기인데, 그렇다고 당시의 상황을 감안하지 않은 채 지금의 입장에서만 보려는 것도 꼭 옳은 태도는 아닌 듯싶다.

낙산사 칠층석탑(보물 제499호)

낙산사의 문화재

낙산사의 복원을 반기며

2005년 4월의 화재로 낙산사의 가람은 크게 손상을 입어 기본 골격이 무너졌다고 해도 과언이 아닐 만큼 변했다. 바다를 앞에 두고 산을 뒤로 한 정갈하고 그윽한 가람이 그 모습을 잃어버린 것은 정말 가슴 아픈 일이었다. 1950년에 일어난 6.25전쟁 이후로 가장 큰 피해를 입은 것인데, 복원 중창이 계획대로 잘 이루어져 예전의 규모 이상으로 회복된 것은 무척 반가운 일이다. 이 대작불사는 정념 주지스님의 커다란 원력이 있었기에 가능했다는 이야기를 많은 사람들이 하곤 한다. 그런데 사람들 가운데는 6.25전쟁 직후 원통보전을 지으면서 시작된 중창이 다소 문제가 있었다고 얘기하기도 한다. 전쟁통에 짓다 보니 너무 졸속이 아니냐는 문제제기인데, 그렇다고 당시의 상황을 감안하지 않은 채 지금의 입장에서만 보려는 것도 꼭 옳은 태도는 아닌 듯싶다.

위에서 낙산사의 역사를 살펴본 대로 몇 차례 대화재가 일어나 가람이 파괴되었었는데 2005년 이전의 대화재는 1777년에 있었다. 그리고 이듬해부터 곧바로 중창에 착수하여 얼마 안 있어 예전의 모습을 되찾았다고 했으니, 6.25전쟁 전까지의 모습은 곧 이때에 완성되었을 것이다. 당시의 규모에 대해서 정확하게 기록된 문헌자료는 없지만, 18세기와 19세기에 낙산사를 그린 그림이 있으니 그것을 참고하면 어느 정도 짐작할 수는 있을 듯하다. 거기에 대해서는 뒤에서 따로 자세하게 설명하기로 하고, 여기서는 1928년 만해 한용운 스님이 건봉사

낙산사 주지(2005년~2009년) 정념 스님은 2005년의 화재 이후 온 국민과 불자들의 원력을 모아 원통보전, 정취전, 설선당, 응향각, 빈일루, 근행당, 송월료, 고향실, 범종루, 홍예문, 취숙헌, 심검당, 선열당, 낙산유치원, 무산지역아동센터, 의상도서관, 상락원(노인요양원) 등 20여 동의 대작불사를 회향했다.

1920년대의 원통보전

사지를 쓰면서 낙산사에 대해 정리한 것을 소개한다. 당시 건봉사는 관동 일대의 대찰이어서 낙산사도 말사로 거느리고 있었다. 하지만 6.25전쟁으로 커다란 피해를 입었고 전쟁 뒤에도 이른바 민통선 안에 자리하여 사세가 급격히 위축되자 지금은 본사의 자리를 신흥사에 넘겨주게 되었다.

만해 스님이 지은 낙산사 사지에는 1928년 무렵의 낙산사 상황이 자세하게 전한다는 점에서 가치가 높다. 여기에는 당시 낙산사 경내에 세워져 있던 여러 건축물과 낙산사 소유의 토지·임야 상황, 그리고 성보문화재까지 자세하게 수록되어 있다. 아마도 1777년 화재 뒤에 이룬 중창의 모습이 그대로 유지되었을 것으로 보인다. 따라서 이것을 통해 18세기 낙산사의 가람 규모를 유추해 볼 수 있다. 이제 그 내용을 항목별로 정리해 보면 다음과 같다.

• 낙산사의 건물

원통보전 9칸, 영산전 6칸, 용선전龍船殿 6칸, 대성문大聖門 3칸, 응향각凝香閣 12칸, 설선당說禪堂 49칸, 빈일루 8칸, 조계문 3칸, 천왕문 6칸, 범종각 1칸, 변소 4칸, 의상대 1칸

• 부속 암자의 건물

관음굴 12칸

• 낙산사의 토지

사사지社寺地 1,807평, 답畓 41,138평(당시 지가 4,524원 87전), 전田 33,033평(1,186원 45전), 대垈 6,762평(661원 14전)

• 낙산사의 임야

삼림森林 52정町 27

• 낙산사의 보물

석가상 · 관음보살상 · 16나한상 : 의상 스님이 조성

정취보살상 : 범일 스님이 조성

대연석大硯石 : 조선 세조의 하사품

대종大鍾 : 조선 예종의 명으로 만든 것

교지敎旨 2장 : 조선 성종의 유품으로 하나는 요역徭役 면제에 관한 것이고, 하나는 노비 하사에 관한 것이다.

• 낙산사의 탑

구층석탑 · 연하당탑蓮河堂塔 · 정송당탑靜松堂塔 · 공중사리탑

• 낙산사의 비

사리비 · 관찰사김승집비觀察使金升集碑 · 부사김용규비府使金用圭碑 · 방김정섭비察訪金鼎燮碑

낙산사 가람 배치

낙산사 가람배치를 말하면서, 우선 문헌 기록에 있는 여러 전각들의 이름을 통해 어떠한 배치를 이루었는지 추측해 보았다. 이어서 조선시대 후기의 가람배치는 김홍도와 정선 등의 그림 속에 남아 있는 것을 통해 살펴볼 수 있었다. 끝으로 6.25전쟁 직후에 중건되기 시작하여 최근에 이르기까지 완성된 가람배치를 살펴보기로 하겠다.

과거의 가람 배치

671년(문무왕 11) 의상 스님의 창건 당시나 그에 이어진 범일 스님의 중건 규모를 지금 정확히 알기는 어렵다. 의상 스님은 관음대성을 친견하고 흙으로 관음상을 빚었으므로 관음상을 주존으로 모신 전각이 있었던 것은 분명하지만 그 밖의 전각이 어떠했는지는 짐작하기

어렵다. 다만 관음상을 모신 금당이 지금과 같이 원통보전 또는 원통전이었는지, 혹은 15세기 문헌에 보이는 관음전인지는 확인할 수 없다. 여기서는 뒤에서 말하듯이 15세기 후반 남효온이 낙산사를 참배하면서 기록한 문헌에 '관음전'이 보이므로 일단 관음전으로 부르기로 한다.

한편 858년(헌안왕 2)에 범일 스님이 절을 중창할 때 역시 이곳에서 정취보살을 친견한 뒤 건물을 지어 불상을 봉안했었다.『삼국유사』에 "…(범일국사가)낙산 아랫마을 돌다리 밑에서 석상을 얻어 불전 3칸을 짓고 정취보살상을 모셨다."는 내용이 있으므로 당시 아마도 관음전과 함께 정취전正趣殿이 있었다고 생각된다.

고려시대에는 태조가 건국 직후부터 봄·가을로 사람을 보내어 재를 올리도록 했는데, 13세기 초에 몽고의 침입으로 관음·정취보살을 모신 법당이 불타버렸으므로 전 당우가 소실되었던 듯하다. 그 뒤 고려의 재상 이규보에 의해 관음상이 새로 봉안되면서 관음전이 새로 지어진 듯하다. 원통전을 제외한 다른 당우들이 새롭게 중건되었는지는 알 수 없으나, 당시 국가의 여건상 몽고의 침입 이전과 같은 규모로 중창되기는 어려웠을 것이다. 이후 조선시대에 들어서 낙산사는 관음전을 중심으로 하여 일부 요사만 있는 자그마한 가람배치를 보였을 것으로 추정된다.

조선시대에 들어와서는 세조 때 대규모 중창을 이룬다. 1468년(세조 14) 낙산사는 세조의 후원을 받아 고승 학열 스님이 중건을 이루었는데, 현재 절에 남아 있는 칠층석탑, 입구에 있는 둥근 아치 형태의 홍예문, 원통보전 주위의 담장 등이 그때 처음 조성된 것이다.

원통보전 앞 칠층석탑(보물 제499호)

그 뒤 1471년(성종 2)에 선학仙鶴 스님이 퇴락된 건물을 중심으로 중수했는데, 용선전·영산전·어제루御製樓·승당 등을 새로 보수하고 단청했다고 한다.

한편 당시 낙산사 가람배치 상황의 한 면은 남효온이 쓴 「유금강산기遊金剛山記」에서 살펴볼 수 있다. 「유금강산기」는 이른바 생육신의 한 사람인 남효온이 동해변을 거슬러 올라가 낙산·설악산 등을 거쳐 금강산을 참배하면서 기록한 것인데, 그때 낙산사에 들러 절에 관한 글을 남겼다. 그 가운데 당시의 전각과 관련해 눈길을 끄는 것은 다음과 같은 내용이다.

…관음전을 보았다. 관음상은 제작한 기술이 극히 정밀하고 교묘하여 마치 영혼이 들어 있는 듯하다. 관음전 앞에 정취전이 있고, 정취전 안에 금불상 셋이 있다.

…見觀音殿 所謂觀音像 技極精巧 若有精神焉 殿前有正趣殿 殿中有金佛三軀.

앞서 신라시대 범일 스님의 중건 때는 정취보살을 따로 봉안했었는데, 남효온이 친견했을 15세기 후반에도 관음전 외에 정취전이 있어 정취보살상을 따로 모시고 있는 점이 눈길을 끈다. 15세기 정취전에 봉안된 금불상 3체가 어떤 불보살상佛菩薩像이었는지는 확인할 수 없지만, 3체라고 한 것으로 보아서는 범일 스님이 봉안한 정취보살상과는 다른 상인지도 모른다. 그렇다면 아마도 고려시대 이후에 조성되었을 것이다.

그러나 그 뒤 낙산사는 1592년의 임진왜란으로 인해 절의 대부분 당우가 불에 타 없어지는 등 거의 폐허가 되었다.

그로부터 약 200년 후인 1631년(인조 9)에 종밀宗密 스님이 중건하고, 1643년에도 도원道源 스님이 중건했다. 당시의 중건 내용에 대해 자세한 기록은 전하지 않지만, 아마도 세조 때의 중건이나 남효온이 배관했던 당시의 규모와 크게 달라지지는 않았을 것으로 추정된다.

한편 「낙산사원통보전어실각수보기洛山寺圓通寶殿御室閣修補記」를 보면 1777년(정조 1)에 절에 큰 화재가 일어나 원통보전을 제외한 전 당우가 불타 없어졌다고 한다. 그러니 절로서는 큰 어려움이 아닐 수 없었을 텐데, 이듬해 바로 승당이 세워진 것을 비롯해서 1854년(철종 5)과 1891년(고종 28)에 어실각이 중수되었고, 1893년에는 영산전이 중수되면서 빠르게 복구되었다.

그런데 이 「낙산사원통보전어실각수보기」에서 또 하나 눈길을 끄는

송월료(좌)와 정취전 후면(우)

내용은 전각 이름을 원통보전으로 적고 있다는 점이다. 앞서 살펴보았듯이 15세기 후반까지 관음전이던 것이 이때 비로소 원통보전으로 기록된 것인데, 아마 이 무렵부터 그렇게 편액扁額했던 것으로 보인다.

20세기에 들어와서는 1905년(광무 9)에 경은敬隱 스님이 절을 중건했다. 그러나 대규모 중건은 아니었고, 선당禪堂·후각後閣 등 몇몇 당우를 새로 지었을 뿐이다.

20세기 초의 낙산사 가람배치 규모에 대해서는 1912년에 기록된 「낙산사빈일루중수기洛山寺賓日樓重修記」의 다음과 같은 내용에서 자세히 알 수 있다.

…원통보전은 매우 규모가 크고 웅장하다. 그 오른쪽에는 용선전·설선당이 있고, 왼쪽에 영산전·응향각이 있다. 그 아래 계단을 내려가면 바깥에 문루가 있고 빈일헌이 있다.

…曰圓通寶殿 克宏偉 右龍船殿 說禪堂 左靈山殿 凝香閣 次第階列 其外門樓 賓日軒…

위의 기록에 의하면 원통보전을 중심으로 오른쪽에 용선전·설선당이, 왼쪽에 영산전·응향각이 같은 석단石壇 위에 배치되었으며, 그 아래로 빈일헌을 비롯한 여러 문루 등이 배열되어 있어 비교적 웅장한 규모였음을 알 수 있다. 용선전은 앞에서 말한 1854년 기록의 「낙산사원통보전어실각수보기」에는 용선각으로 표기되어 있다.

보타전

그 밖에 1928년에 지은 『건봉사급건봉사말사사적』 중 「낙산사의 사적」을 통해서 1920년대의 가람 규모를 알 수 있는데, 18세기와 비슷한 규모였음을 알 수 있다.

그 뒤 낙산사는 1950년 6.25전쟁 때 사찰 내의 전 당우가 소실되었다가, 1953년 원통보전과 종각 등을 지으면서 중건이 시작되었다. 그러다 1977년 원철圓徹 스님이 해수관음상을 봉안하면서 중흥의 기운이 무르익어, 이후 본격적인 중건 불사가 지속적으로 이루어져 1993년에 보타전이 새로 완공되는 등 지금에 이른다.

옛 그림에 담긴 훌륭한 기록물

여기서 잠시 옛 그림 몇 폭을 감상해 보자. 그림이라면 미술 쪽에서 관심을 갖고 다루어야 할 것 같아 보이지만, 사실 그림처럼 훌륭한 기록물도 드물다. 별다른 가식 없이 있는 그대로의 모습을 보여 주고 있기 때문이다. 그래서 마땅한 문헌자료가 없을 때 종종 그 못지않은 역사 자료로 요긴하게 활용되는 경우가 많다.

낙산사를 그린 옛 그림은 몇 가지가 있다. 조선 후기의 유명한 풍속화가인 단원 김홍도(金弘道, 1745~?)가 그린 것이 2점, 연객 허필[18]의 그림이 1점, 그리고 진경산수로 널리 알려진 겸재 정선(鄭敾, 1676~1759)은 4점이나 남기고 있다. 그 밖에 영조시대에 활동한 문신이자 화가인 박사해(朴師海, 1711~?)가 그린 관동팔경 가운데도 낙산사도가 있다. 이렇게 낙산사가 주요 화제畵題가 되었던 것은 관동팔경 가운데 하나로 주변 경관이 워낙 빼어나 많은 사람들이 찾아가고픈 명소였기 때문이다. 이 그림들은 모두 당시에 유행했던 진경화풍眞景畵風으로 그렸기에

[18] 허필(許佖, 1709~1761). 조선 후기의 학자이자 서화가. 호는 연객煙客 · 초선草禪 · 구도舊濤 등을 썼다. 지평을 지낸 허열許悅의 증손이다. 본래는 유학을 공부하여 1735년(영조 11) 진사시에 합격하였으나 관직을 가지지 않고 학문과 시 · 서 · 화에 전념하여 삼절三絶로 불렸다. 이용휴李用休가 쓴 허필의 지명誌銘에는 청빈하고 소탈한 성격과 문학과 고예술품을 사랑하는 태도가 잘 묘사되어 있으며, 또한 모든 서체에 능통하고 그 중에서도 특히 전서篆書와 예서隸書에 뛰어났다고 하였다. 산수 · 영모 등의 그림을 그렸으며 산수화는 명대明代 심주沈周의 양식을 따랐다고 한다. 지금 전하는 몇 폭의 그림들은 명대 오파吳派 또는 미가米家산수 양식의 특징을 보이는 조선 후기의 전형적인 남종화라고 할 수 있는데, 그런 면에서 이「낙산사도」는 그의 그림 가운데 매우 특이한 경우에 속한다.

시즈오카박물관 소장 「관음굴도」

작가의 상상력이 아닌 있는 그대로의 모습이 화폭에 담겨져 있어 당시의 모습을 살피기에는 아주 적당하다. 그래서 낙산사가 그려진 이 그림들을 살펴보노라면 18세기 낙산사의 가람배치를 한눈에 알 수 있다. 이 그림들은 모두 바다 쪽에서 낙산사 경내를 바라보고 그려 구도가 대체로 일치한다. 방위로 보면 남서쪽에서 동북 방면으로 향하고 있다. 이런 구도에서는 의상대까지는 보여도 홍련암은 표현될 수가 없다. 고개에 가려지기 때문이다. 그래서 정선의 그림 4점 가운데 3점, 그리고 다른 그림 전부가 홍련암이 나와 있지 않다. 다만 김홍도의 「관음굴도」는 홍련암만 따로 그린 것이기 때문에 홍련암이 잘 나와 있고, 방위도 남동쪽에서 북서쪽으로 향하고 있어 다른 그림과는 정반대의 방향으로 구도가 잡혀져 있다. 모든 그림이 다 널따란 바다와 넘실대는 파도를 강조하였으며, 바다는 여백처럼 처리되어 광활한 이미지를 잘 표현하고 있다.

그림이 그려진 순서대로 정선의 그림을 먼저 보자.

정선은 우리나라 역대 화가 가운데 가장 뚜렷한 화풍을 간직하고 있다. 바로 진경산수眞景山水라고 부르는 우리나라 고유의 화풍이 바로 그에 의해 확립되었기 때문이다. 그가 그린 4폭의 낙산사 그림 역시 진경풍이 유감없이 발휘되어 있고, 모두 구도도 비슷하다. 그 가운데 금강산도화첩金剛山圖畵帖 중의 하나로 그린 낙산사도에 낙산사의 전각이 가장 자세하게 나와 있다. 앞면 5칸, 옆면 3칸 크기의 원통보전을 중심으로 앞마당이 있고 그 좌우에 요사로 생각되는 건물들이 있다. 또 맨 앞에는 누각이 있는데 역사상 낙산사의 누각으로는 어제루御製樓 또는 빈일루가 있었으니 이 가운데 하나일 것이며, 위치는 지금의 범종각 자리로 보아 틀림없을 것 같다. 이 그림을 보면 원통보전의 규모가 아주 큰데, 당당한 위풍이 느껴진다. 다만 원통보전 앞에 있는 칠층석탑과 원통보전 둘레에 있는 담장이 그려지지 않은 것은 아쉽다. 구도상의 문제였는지, 혹은 별 의미를 못 느껴서 안 그렸는지 모르겠지만 진경산수란 관념으로서의 경관이 아니라 있는 그대로의 모습을 그리는 게 목적인 것인데 이 그림에 이런 생략이 보이는 것은 흠이 아닐 수 없다. 그런데 이 그림에서 재미있는 부분은 화면 오른쪽 절벽 위에 선비 몇 명이 바다를 바라보는 모습이다. 소나무가 심어져 있는 주위에 사람들이 모여서 수평선에 떠오르는 해를 손으로 가리키면서 지켜보고 있는데, "와, 굉장한걸!" 하면서 그들이 외치는 감탄사가 들리는 듯하다. 이들이 서 있는 자리는 지금의 의상대가 있는 곳일 것이다.

   다음은 허필의 그림이다. 허필은 직업화가가 아닌 선비의 신분으로 그림을 그린, 이른바 문인화가로서 당대의 화단을 주름잡던 표암豹菴 강세황(姜世晃, 1713~1791)과는 막역한 친구 사이였다. 둘이 함께 당대의 화단畵壇에 남종화를 정착시키는 데 큰 역할을 하였다. 이 그림이 세로로 길쭉한 것은 병풍화로 그렸기 때문이다. 화면 왼쪽에 낙산사 경내가 보이는데 오밀조밀하게 모여 있는 전각 4동과 석탑이 간략하게 그려졌다. 탑 오른쪽에 있는 전각 3동 가운데 탑 바로 옆에 있는 팔작지붕 건물은 아마도 원통보전일 것이다. 그 옆에 있는 좌우의 건물들은 요사로 보인다. 다른 그림들에 비해서 가람배치가 크게 다르지는 않지만 비교적 정밀하게 그려지지 못한 것이 흠이다. 그렇지만 이 그림에서 돋보이는 점은 유일하게 칠층석탑이 그려져 있다는 점이다.

「금강산도첩」 중 정선의 「해돋이음」

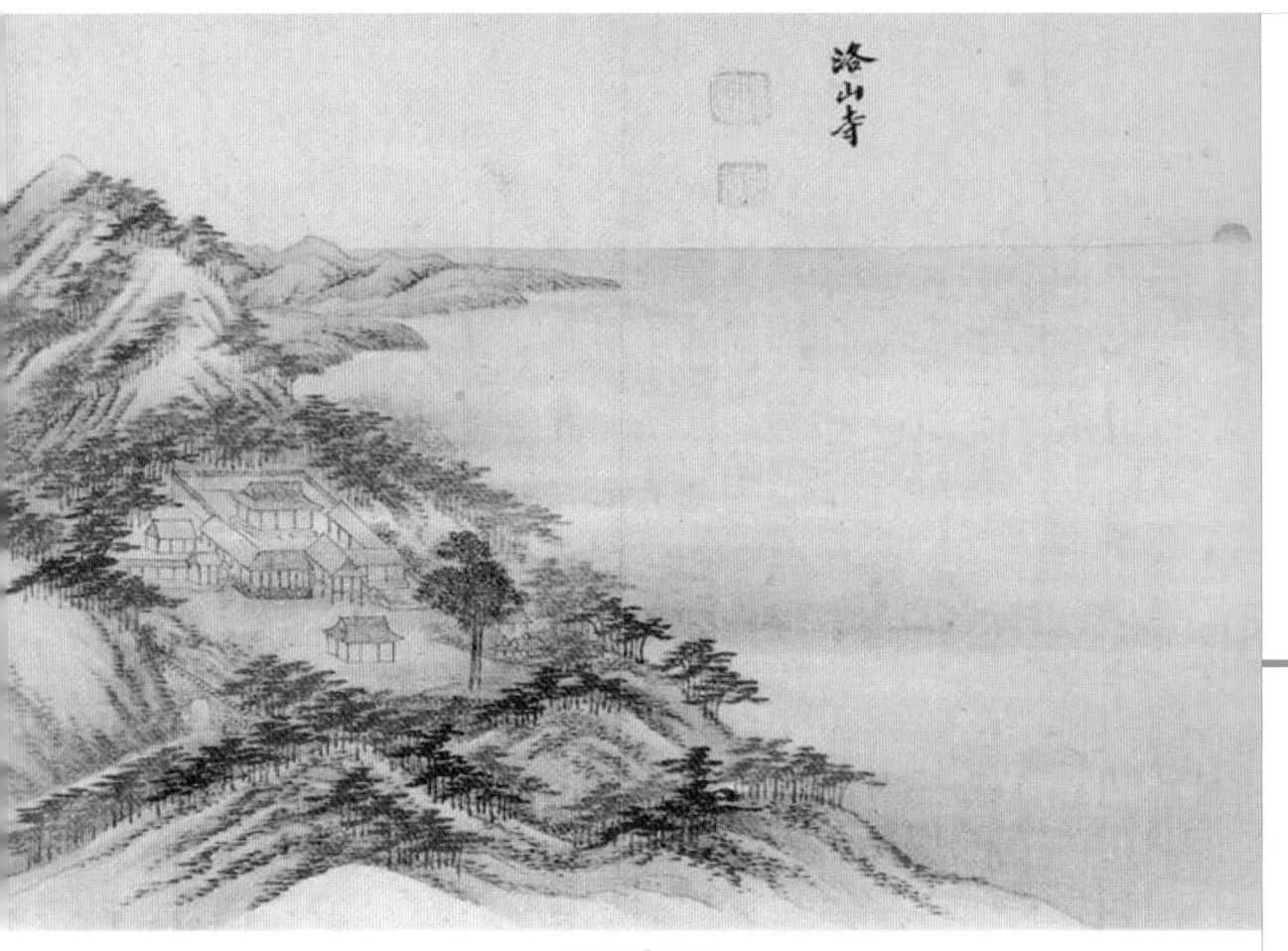

김홍도의 「낙산사도」

　이제 김홍도의 그림을 감상할 순서다. 김홍도는 따로 설명이 필요 없는 조선시대 후기의 대표적 화가다. 지금은 풍속화가로 굳어진 느낌도 없지 않지만 실은 당시 회화의 전 장르에 걸쳐 능숙한 필법을 선보였던 그야말로 재주 많은 천재화가였다. 불화까지 그의 창작의 대상이 되었는데, 화성 용주사龍珠寺의 그림 몇 폭이 그의 작품으로 전하고 있다. 김홍도는 낙산사 경내를 그린 「낙산사도」와 홍련암을 그린 「관음굴도」 두 폭을 그렸다. 「낙산사도」는 낙산사를 그린 그림 가운데 가장 정확하고 사실적인 그림이다. 정선의 「낙산사도」도 정밀한 묘사를 자랑하지만 그래도 이 그림이 좀 더 깔끔하게 표현되지 않았나 싶다.

  이 그림은 가로로 기다란 그림이다. 화면은 낙산사와 그 주변이 왼쪽 위에서 오른쪽 아래로 포치되어 있고, 그 나머지 부분의 여백을 이용해서 시원하게 펼쳐진 동해를 표현했다. 그리고 멀리 수평선 너머에는 해가 막 떠오르는 모습이 보인다. 낙산사를 그린 그림은 어느 것이나 일출의 광경을 빠뜨리지 않고 있는데, 예부터 동해에 자리한 낙산사의 해돋이가 명승으로 알려져 있었던 모양이다. 이 그림에는 정선의 그림에는 없던 원통보전을 둘러싼 담장이 잘 드러나 있다. 그리고 담장 바깥에 배치된 요사 등의 건물과 누각이 사실적으로 잘 표현되어 있다. 그리고 조금 멀찍이 떨어져 있는 건물은 아마도 천왕문 정도가 아닐까 한다. 전체적으로 낙산사 주변의 지형과 특징이 잘 그려져 있어 확실히 김홍도라는 이름이 괜히 유명한 것이 아님을 알 수 있다. 가히 명불허전이다. 다만 아쉬운 것은 원통보전 앞에 있어야 할 칠층석탑이 생략된 점인데, 높다란 석탑을 그리게 되면 전각이 많이 가려지게 되니까 과감하게 뺀 것으로 보인다. 하지만 멀쩡히 있는 것을 뺀 것은 아무래도 납득이 잘 가지 않는 대목이다. 옥의 티라고나 할까.

  이상과 같이 17세기와 18세기 화가들이 그린 낙산사 그림을 보면서 당시 낙산사 가람의 모습을 살펴보았다. 공통적으로 나타난 점은 원통보전을 중심으로 좌우에 세로로 건물이 기다랗게 배치되어 자연스럽게 안정된 배치를 이루고 있고, 원통보전 앞에는 누각이 있어 짜임새 있는 가람배치를 하고 있었음을 알 수 있다.

낙산사 가람을 회상하며

이제 근대에서 현대에 이르기까지의 낙산사 가람배치를 알아보도록 하겠다. 이 가람배치는 2005년 4월 5일 불이 나기 이전의 것으로, 현재는 화재로 인해 거의 대부분의 전각이 사라지고 그 자리에 새로운 전각들이 들어서 있다. 비록 불길에 휩싸여 없어진 건축물들이지만 과거 낙산사의 가람 배치를 알아두자는 뜻에서 하나하나 설명해 보았다.

백두대간의 힘찬 기운을 받은 설악산이 나지막이 흘러가 동쪽 해안에 머물러 이루어진 오봉산 자락에 자리한 낙산사는 1993년에 보타전 寶陀殿을 새로 지으면서 당시와 같은 가람 구조가 이루어졌다. 원통보

보타전 뒤에서 바라본 낙산사 전경

전을 중심으로 한 구역과 보타전 주변 구역으로 이원화되었다고나 할까. 국내에서 손꼽히는 관음도량으로서의 낙산사가 그 사격寺格에 걸맞은 규모를 갖추게 된 셈이다.

주요 가람은 관음보살이 봉안된 원통보전을 중심으로 살펴볼 수 있다. 절 맨 뒤쪽 가장 중심이 되는 구역에는 원통보전이 자리하는데, 그 앞에 조선시대 초에 조성되어 현재 보물 제499호로 지정된 칠층석탑이 있다. 원통보전 둘레는 조선시대 세조 때 쌓은, 원장垣墻이라고 부르는 네 면으로 된 담이 둘러쳐져 있다. 이 담장은 원통보전이 낙산사의 금당임을 상징하기도 하는데, 대성문을 통해 출입하도록 되어 있다. 대성문이라 한 것은 관음보살이 봉안된 원통보전과 관련이 있다. 관음보살을 일명 관음대성이라고도 하니 이 문은 곧 관음대성을 참배하기 위해 들어서는 문이라는 뜻이다.

문을 나서서 계단을 내려가면 좌우로 대나무가 무성한데, 왼쪽에 자그마한 단이 쌓여 있고 그 위에 종각이 있었다. 종각 안에는 1469년(예종 1)에 주조되었으며 보물 제479호로 지정된 범종이 있었으나 지금은 2005년의 화재로 불타 없어졌다. 문화재 당국에서 곧바로 복원 사업을 하여 지금 범종각에서 그 복원된 동종을 볼 수 있다.

이 종각 옆쪽으로 난 작은 길을 따라가서 대나무 밭을 지나 내려가면 해수관음상이 있다. 해수관음상 앞에는 참배하기 위한 목조 건물이 있는데, 절에 나오는 보살들은 이 건물을 관음전으로 부르기도 한다. 그리고 그 주위로는 기념품 등을 판매하는 건물이 있다. 길은 없지만 관음전 옆 숲으로 막힌 곳을 약 100미터 가량 내려가면 숲 속에 공중사리탑이 있다. 이 사리탑은 비록 합당한 만큼의 주목을 받지 못해

공중사리탑

왔지만 사리신앙을 이해하는 데 아주 중요한 자료다. 최근의 화재에도 불길을 맞았으나 다행히 커다란 손상은 없고 살짝 그을린 정도에 그쳤다. 숲 속에 있어서 주변이 불길에 크게 번졌었는데 기이하게도 불길이 피해간 것처럼 되었다. 사리의 영험이란 바로 이런 게 아닐까 한다.

원통보전 앞으로는 좌우에 요사 및 종무소가 있었다. 동쪽 요사는 고향실古香室로서 주지스님의 거처였으며, 서쪽에 있는 요사와 종무소

보타락과 관음지

는 특별하게 부르는 이름은 없었다.

고향실 옆으로 동쪽으로 내려가는 작은 길을 따라가다 보면 웅장한 보타전이 나타나고, 여기에서 다시 동쪽으로 더 가면 의상조사비義相祖師碑가 있다. 여기에는 의상대義湘臺로 가는 길이 있다.

보타전 앞에는 보타락寶陀落이라고 하는 누각이 있고 그 앞에 아담한 연지蓮池가 있어 그곳에 피어 있는 청정한 연꽃과 용궁인양 노니는 물고기들을 볼 수 있다. 이 연못을 관음지觀音池라고 부른다.

고향실을 지나 절 입구 쪽으로 조금 내려가 남서쪽으로 가면 조계문曹溪門과 사천왕문四天王門이 자리잡고 있었다. 조계문과 사천왕문 사이에는 서쪽에 범종이 있는 범종각이, 거기에서 서쪽으로 조금 더 가면 1997년에 완공한 객실이 있었다.

조계문과 사천왕문을 지나면 홍예문虹霓門이 나오는데, 이 문을 지나면 사찰 경내와는 다른 분위기가 느껴지지만 이곳 역시 여전히 사역寺域이며 여기에서 더 내려가 일주문一柱門을 지나야 비로소 사찰 경내에서 나오게 된다. 그러니까 이 일주문이 낙산사로 들어가는 정문에 해당된다. 홍예문 옆 매표소 뒤에는 자그마한 부도밭이 있었는데, 현재는 보타전 앞으로 옮겨져 있다. 한편 보타락 옆으로 나있는 길을 계속해서 내려가면 절 남동쪽에 있는 후문으로 나오게 되며, 그 길로 해서 다시 북쪽으로 올라가면 의상대와 홍련암紅蓮庵에 이르게 된다.

🪷 낙산사의 전각

낙산사에는 2005년 4월 5일 산불로 인한 화재 전까지 원통보전을 중심으로 보타전·고향실·무설전無說殿·심검당尋劍堂·해우당解憂堂·무이당無二堂·보타락·범종각·조계문·사천왕문·홍예문·일주문 등의 당우가 있었다. 이 가운데 원통보전·고향실·무설전·심검당·해우당·무이당·범종각·조계문 등이 불타 버렸다.

연혁에서도 살펴보았듯이 낙산사는 1950년의 6.25전쟁으로 원통보전 뒤에 있는 원장과 그 앞의 대성문을 제외한 전 건물이 소실되는 등 그간의 전각이 전부 없어졌다. 그 뒤 6.25전쟁 중인 1953년 4월에 원

襄陽洛山寺 在五峯山 新羅僧義湘所建 殿上安閱檀觀音一軀 歷代崇奉頗有 靈異 我世祖幸此寺 以殿舍隘陋 命新之 極宏莊

또한 『조선불교통사』「보타낙산대사성굴普陀洛山大士聖窟」조에도,

조선시대 세조 임금 역시 일찍이 낙산사에 행차하여 관음성상을 참례했었다.

朝鮮世祖大王 亦曾親幸洛山寺 瞻禮聖像

라는 기록이 보인다.

그리고 20세기 초의 「낙산사빈일루중수기」에 있는, '원통보전이 매우 규모가 크고 굉장하다曰圓通寶殿克宏偉' 라는 기록을 통해 낙산사에는 창건 이래 근래까지 계속해서 원통보전이 있었음을 문헌을 통해 알

꿈이 이루어지는 길

수 있다.

원통보전 안에는 관음상을 독존獨尊으로 봉안하였다. 화재 전에는 후불탱화로 아미타극락회도가 걸려 있었고 그 밖에 관음상 주위로는 오른쪽에 신중탱화(1959년)와 동종銅鍾, 사진본으로 된 의상대사 진영 등 근년에 조성된 성보가 있었지만 현재는 걸려 있지 않다. 이 관음보살좌상은 드물게도 종이로 만든 불상, 곧 지불紙佛이다. 2005년 화재 때 주지인 정념 스님과 대중 스님들이 죽음을 무릅쓰고 불상을 보호하고 옮겨 가서 훼손을 면했으며, 2007년 원통보전 복원 이후 예전 모습 그대로 봉안되어 있다.

2) 보타전

보타전은 해수관음상과 더불어 낙산사가 관음신앙의 성지요 우리나라의 대표적 관음도량임을 상징하는 전각으로서, 1991년 7월 짓기 시작해서 1993년 4월 10일에 완공했다. 규모는 앞면 5칸, 옆면 3칸이

보타전

며 팔작지붕으로 되어 있다. 다행히 최근의 화재 때 별다른 피해를 입지 않았다.

안에는 우리나라에서는 처음으로 천수관음千手觀音·성관음聖觀音·십일면관음十一面觀音·여의륜관음如意輪觀音·마두관음馬頭觀音·준제관음准堤觀音·불공견색관음不空羂索觀音 등 7관음상과 천오백관음상이 봉안되어 있다. 앞면 중앙에 천수관음을 비롯해서 좌우로 6관음이 있고, 뒤쪽으로 천오백관음상이 있다. 천수관음은 입상이며, 나머지 6관음은 좌상이다. 낙산사 천수관음은 32관음신상으로도 부르는데, 그 뒤쪽으로는 목각 후불탱이 조성되었다. 보타전 안에는 그 밖에 동종과 금고金鼓가 있다.

전각 외부 벽화는 낙산사를 창건한 의상 스님의 일대기를 그린 것이다.

후불탱 옆면

보타전 목각 후불탱

불상

1) 건칠관음보살상 및 후불탱

원통보전에 봉안된 불상이다. 2003년 보물 제1362호로 지정되었다. 보기 드물게 옻칠과 장지로 만든 것으로 조선시대에 봉안했다. 금속으로 만든 팔각대좌 위에 결가부좌한 채 앉아 있는데, 대좌는 근래에 만든 것이다. 후불탱은 2009년 석정 스님에 의해 조성·봉안되었다.

건칠관음보살상 및 후불탱

적당한 크기로 허리를 곧추세우고 고개만을 앞으로 약간 숙여 마치 굽어보는 듯한 느낌을 준다. 머리에는 화려하기 이를 데 없는 높은 보관을 썼으며, 네모꼴에 가까우면서도 각지지 않은 둥글고 탄력적인 얼굴에는 귀·눈·입·코 등이 단정하게 묘사되어 있다. 목에는 세 개의 주름인 삼도三道가 뚜렷하고, 가슴 부분이 두드러지게 표현되었다. 오른손은 가슴에 올리고 왼손은 배에 두었으며 엄지와 중지를 맞댄 손 모양을 하고 있는데, 가냘픈 듯 섬세하게 표현되었다. 양 어깨를 덮은 옷 주름이 자연스럽게 흘러내리고 있는데, 내의 깃이 가슴 밑을 수평으로 가로지르고 있다. 온몸에는 화려한 구슬장식이 드리워져 있다.

이 관음보살상은 표현 수법으로 보아 고려 후반의 전통양식을 바탕으로 한 조선 초기의 작품임을 짐작케 해 준다. 전체적으로 각 부분의 비례가 좋고 특히 얼굴표정이 빼어날 뿐만 아니라, 머리에 쓰고 있는 보관은 고대 이래의 원상태를 유지하고 있어서 보관 연구에 매우 중요한 자료로 평가된다.

낙산사 건칠관세음보살좌상 보물 제1362호
(촬영)희암 조현태

2) 해수관음상

낙산사 성보 가운데 가장 널리 알려진 것이 바로 이 해수관음상이다. 그래서 굳이 신자가 아니더라도 동해에 왔다가 낙산사를 찾는 여행객들이 빠짐없이 들러 참배하는 것이 하나의 정해진 코스가 되어 있을 정도다.

그런데 재미있는 것은 많은 사람들이 이 관음상을 꽤 오래된 것으로 생각하는 것이다. 아마도 낙산사가 의상 스님이 관음보살을 친견하고 창건한 것이니 그와 관계된 것으로 여기는 것이 아닌가 한다. 그래서 이 불상이 조성된 지 30년 남짓밖에 안 되었다면 놀라는 사람도 많다.

해수관음상

이 관음상은 1972년 처음 착공되어 5년 후인 1977년 11월 6일 점안했다. 우리나라에서 양질의 화강암 산지로 손꼽는 전라북도 익산에서 약 700여 톤을 운반해와 조성한 것이다. 크기는 높이 16미터, 둘레 3.3미터, 최대 너비 6미터이며, 대좌의 앞부분은 쌍룡상雙龍像, 양 옆에는 사천왕상四天王像을 조각했다. 관음상은 대좌 위에 활짝 핀 연꽃 위에 서 있는데, 왼손으로 감로수병甘露水甁을 받쳐 들고 오른손은 가슴께에서 들어 수인手印을 짓고 있다.

보기 드물게 커다란 크기임에도 불구하고 전체적인 비례가 알맞게 이루어져 있으며 세부 조각도 잘된 편이다. 관음상 앞에는 비익조比翼鳥*가 잘 조각된 석조불전함이 위치해 있다.

3) 보타전 관음상

1993년에 완성된 보타전 안에는 한국에선 처음으로 천수관음(32관음신상)·성관음·십일면관음·여의륜관음·마두관음·준제관음·불공견색관음 등 7관음을 봉안했다. 그리고 그 뒤에 천오백관음상이 모셔져 있다. 관음신앙의 성지답게 그야말로 모든 관음상이 봉안된 셈이다. 이렇듯 많은 관음상을 조성한 것은 우리 민족의 구제와 해탈을 기원하는 뜻에서라고 한다. 천오백관음상 한 분 한 분의 천수천안과 32관음신상을 곱하면 그 수가 5천만 정도인데, 그것은 곧 5천만 우리 민족의 인구수와 일치한다. 곧 우리 5천만 민족의 구원과 해탈을 기원하는 의미가 있는 것이다. 모든 관음상의 재질은 목조로 백두산에서 자라는 홍송紅松이다.

*비익조 : 암수의 눈과 날개가 하나씩이라 짝을 짓지 못하면 날지 못한다는 전설 속의 새. 극락에 살며 아미타불의 현전에서 날아다닌다.

보타전 내 천오백관음상 및 32관음

　한편 7관음상을 봉안하던 날의 이적異蹟이 전해져 눈길을 끈다. 그 날 밤에 하늘에서 풍악소리가 들리는 것 같더니, 청학靑鶴 다섯 마리가 허공으로 날아올랐고 그때 늘 거친 파도소리를 토해내던 동해 바다가 문득 조용해졌으며, 무지개와 같은 서기광명瑞氣光明이 온 하늘에 가득 찼다고 한다. 또한 그날 밤 낙산사 신도회장은 동해 바닷물이 해일을 일으켜 보타전까지 날아오르는 꿈을 꾸었다고 한다. 이 얘기를 듣고 비과학적이라고 해서 허황한 이야기로 돌려버리는 사람도 많겠지만, 이 세상의 모든 현상이 과학으로 다 설명되지는 않는다. 의상 스님 때에 이적이 있었으면 지금에도 이적이 나타날 수 있는 게 아닐까?

🪷 탑·범종·기타

1) 칠층석탑

원통보전 앞에 세워진 조선시대 석탑으로 현재 보물 제499호로 지정되어 있다. 최근의 화재 때 불길이 닿기는 했으나 그을음 정도만 남겼을 뿐 다행히 커다란 상흔은 입지 않았다. 이 탑은 낙산사가 조선 세조 대(재위 1455~1468)에 중창될 때 세워진 것으로 추정된다. 6.25전쟁 때 총탄을 맞아 비록 부분적으로 파손된 곳이 있으나 탑의 상륜相輪 부분까지 비교적 완전한 형태를 갖추고 있어 조선시대 탑 연구에 훌륭한 자료가 된다.

탑의 양식은 평면 사각형으로 기단석 위에 탑신이 놓이고 그 위에 상륜부가 마련된 구조를 하고 있다.

탑의 가장 아래쪽에 있으면서 지면과 맞닿는 부분인 기단석은 땅 위에 2단의 층을 이룬 지복석地覆石과 그 위의 복련伏蓮이 조각된 지대석 地臺石으로 구성되었다. 또 탑의 무게중심을 이루는 기단은 단층기단이다. 대체로 탑에는 기단 양쪽에 기둥돌, 곧 우주隅柱를 새겨넣는 데 비해 이 탑에는 그것이 없다. 그리고 기단 위에 얹은 뚜껑돌인 갑석甲 石은 아래 위가 수평인 하나의 돌로 된 판석板石인데, 그 밑에 부연副椽

칠층석탑 부분

과 2단의 각형角形 고임이 있다. 기단 상면에는 겹잎[複蓮]으로 된 복련覆蓮 24잎이 조각되었다.

탑신부塔身部는 옥신석屋身石과 옥개석屋蓋石이 각각 서로 다른 하나의 돌로 이루어져 있다. 옥신석에는 양쪽에 우주가 없으며, 각각의 옥신석마다 그 아래의 옥신석보다 조금 넓고 큰 별석別石의 받침돌이 끼워진 점이 특징이다. 이 같은 점은 기단부에 연꽃을 새긴 것과 함께 고려시대 탑에서 찾아볼 수 있는 특징으로, 이 낙산사 탑이 고려시대의 양식을 계승하고 있음을 나타내 주고 있다. 옥개석은 평평하고 얇은데, 사방의 낙수면落水面이 서로 만나는 모퉁이의 합각合角머리가 뚜렷하다. 옥개석의 추녀는 얇은 편으로 밑이 위로 살짝 솟아올라 반전反轉되어 경쾌한 느낌을 준다. 받침 수는 각 층마다 3단씩이다.

상륜부 역시 칠층 옥개석 위에 각 층의 옥신 고임과 똑같은 형태의 별석으로 된 받침돌을 놓았다. 그 위에는 아랫면에 3단의 받침이 있는 노반露盤을 놓았으며, 다시 그 위에 전부 청동제로 된 원형圓形의 복발覆鉢·앙화仰花 및 여섯 겹으로 중첩된 원추형圓錐形의 보륜寶輪과 보주寶珠 등을 청동제 찰주擦柱에 꽂았다. 상륜부의 평면을 원형과 원추형으로 한 것은 중국 원대元代의 라마Lama식 탑의 상륜과 닮은 것인데, 이 탑의 또 다른 특징이기도 하다. 본래는 상륜부가 오동烏銅으로 장식되었으나, 1951년 1.4후퇴 때 없어졌고 지금 것은 그 이후에 새로 얹은 것이라고 한다.

이 탑의 전체적 양식은 강릉시 내곡동 403번지에 있는 보물 제87호 신복사神福寺터 삼층석탑과 비슷하여 그것을 모방한 것으로 생각되는데, 동해안 지역의 고려시대 석탑 양식을 지니는 공통 양식 계열에 속

낙산사 칠층석탑

하기 때문으로 보인다.

이 탑은 6.25전쟁 당시 손상되었으나 1953년 4월 이형근 장군이 낙산사를 중건할 때 함께 재건하였다. 현재 탑의 크기는 전체 높이 620센티미터이다.

한편 이 탑은 본래 신라시대에 의상 스님이 3층으로 쌓았다가 조선시대에 세조 임금의 명을 받은 학열 스님이 9층으로 다시 쌓고 의상 스님이 천룡팔부로부터 받았다는 수정염주와 여의보주를 봉안했다고 전한다. 말하자면 조선시대에 쌓은 탑이지만 창건의 전설이 간직된 탑인 것이다.

2) 낙산사 동종

원통보전에서 내려와 대성문을 나서서 왼쪽을 보면 고향당 옆 종각에 보물 제479호로 지정된 낙산사 동종이 있었다. 조선시대인 1469년(예종 1)에 낙산사와 밀접한 관계에 있던 세조를 위해 그의 아들인 예종이 만들게 한 범종이다.

동종 몸체에는 이 종이 만들어진 배경과 과정이 새겨져 있는데, 낙산사의 역사에 자주 등장하는 김수온이 지었고 당대의 명필 정난종[19]이 글씨를 써 그 가치를 더욱 높였다. 김수온의 말을 잠시 들어본다.

우리 불교는 여래께서 가르침을 편 것이다. 반드시 불상과 불전을 엄정하게 하는데, 이것은 중생들로 하여금 보고 믿음을 갖게 하기 위한 것이다. 또 반드시 종과 북을 치는 것도 역시 중생들로 하여금 듣고서 마음에 경각을 갖

---

[19] 정난종(鄭蘭宗, 1433~1489). 조선 전기의 문신이자 서예가. 본관은 동래東萊, 호는 허백당虛白堂. 1456년 대과에 급제하여 관직에 나아갔고, 좌부승지, 예조 참판, 형조 참판, 호조 참판 등 여러 벼슬을 지냈다. 1469년 4월 낙산사동종의 글을 쓴 뒤 12월에는 동지춘추관사로 「세조실록」의 편찬에 참여하였다. 아마 조정의 신하 가운데서도 문장과 학식, 그리고 서예를 함께 갖춘 몇 안 되는 인물 가운데 하나였던 모양이다. 이후에도 영안도 관찰사, 호조 참판, 한성부 판윤, 전라도 관찰사, 이조 판서, 공조 판서, 호조 판서 등 내외의 요직을 두루 거쳤다.

그는 훈구파의 중진으로 성리학에 밝았고, 서예에도 일가를 이루었다. 특히 초서와 예서를 잘 썼으며, 특히 조맹부체趙孟頫體에 뛰어났다. 당대에 글씨로 그와 견줄 만한 사람은 그보다 열두 살이 많은 성임(成任, 1421~1484) 정도였다. 세조는 특히 그의 글씨를 존중하여 1465년 「원각경」을 인쇄할 때 그에게 주자체鑄字體를 쓰도록 하였는데, 이 활자가 바로 을유자乙酉字라고 부르는 것이다. 성현成俔은 「용재총화」에서, "정난종이 쓴 창덕궁 전문殿門들의 액額은 자체가 바르지 않다."고 혹평하였으나 그의 필적이 상당수 전하는 것으로 보아서는 당대의 최고 인기서예가였다고 볼 수 있다. 현재 전하는 그의 글씨 중에서 불교와 관련된 것만 보면 이 낙산사 동종 명문을 비롯하여 서울 파고다공원의 「원각사비圓覺寺碑」 음기, 강원도 고성의 유점사종 명문, 경기도 양주의 봉선사종 명문, 덕수궁의 흥천사종 명문 등이 있으니, 불교와 꽤 인연 깊었던 인물이었다.

게 하자는 것이다. 대개 중생이란 육진六塵[20]으로부터 육근六根[21]을 닦는 공덕의 과정을 지나는 것이다. 우리 태상대왕(세조)께서는 재위 12년(1466)에 동쪽으로 금강산을 순력하여 담무갈曇無竭 보살[22]에 참배하였고, 또 그 길로 바다를 지나 남쪽으로 내려가 낙산사를 찾아 가셨었다.

왕대비, 그리고 지금 주상전하(예종)와 함께 관음보살상을 참례하셨는데 이때 사리가 분신分身되어 오색광명이 찬란하게 빛나는 이적이 있었다. 이에 태상왕이 크게 발원을 하시어 학열 선덕禪德에게 명하여 중창하여 지금 전하의 자복사찰로 삼도록 하셨다. 그 커다란 서원을 추념하고 더욱더 계승하여 드디어 낙산사 중창이 낙성되었다. 무릇 건물은 100여 칸이 넘어 그 장엄함은 극을 다하였다. 아울러 모든 필요한 설비를 다 갖추었으니 이 범종은 그 가운데 하나인 것이다.

오호라! 색色과 상相이 없으면 중생에게 원만함을 내보일 수 없는 것. 성진聲盡의 인연이 없다면 어찌 중생에게 청정의 깨달음을 느끼게 할 수 있을 것인가? 그러나 빗장을 부수는 도구란 부절符節만 있는 것은 아니다. 천 명 가운데 두 명만 그것을 따를 뿐. 실상 산문의 법기法器란 바로 중생에게 경종을 울리기 위한 방책이 아니던가? 하물며 우리 태상대왕께서 성인 같은 덕과 신 같은 공력으로 천고에 없을 성세를 이루어내신 다음에랴?

우리 주상전하께서는 이와 같은 태상왕의 유지를 받들어 더욱 빛을 환하게 밝히시고 업적을 쌓으셨으니 불가불 이정彛鼎에다 글을 새기지 않을 수 없는 일이다. 이에 종에다 글을 새겨 망극하게도 그 뜻을 널리 알리려 한다.

我佛如來之設敎也 必有像廟之嚴 所以因衆生之目視 而生其信 必有鐘鼓之 設 所以因衆生之耳廳 而驚其心 蓋欲衆生 由六塵之外感 以修六根之功德者也

20) 육진은 사물을 인식하는 방식인 색色·성聲·향香·미味·촉觸·법法 등의 여섯 가지 경계境界를 말한다. 육진은 육근을 통해 몸속에 들어가 깨끗한 마음을 더럽히고, 신성眞性을 덮어 흐리게 하므로 진塵, 먼지이라 한 것이다.

21) 육근이란 색·성·향·미·촉·법의 육식六識을 일으켜 사물을 인식하게 하는 근원이다. 안근眼根·이근耳根·비근鼻根·설근舌根·신근身根·의근意根 등이 그것이다. 여기서 근은 낸다는 뜻. 예를 들어 안근은 안식眼識을 내어 색경色境을 인식케 하고, 의근은 의식을 내어 법경法境을 인식하게 한다.

22) 담무갈 보살은 불교에서 말하는 보살의 하나로서 범어의 Dharmodgata을 소리나는 대로 적은 말이다. 의역해서는 법기法起 보살이라고 한다. 중향성衆香城의 주인으로 늘 『반야바라밀다경』을 설한다고 한다. 세조가 담무갈 보살을 친견했다는 것은 금강산의 또 다른 이름이 중향성이기 때문이다. 다시 말해서 금강산을 법기 보살이 상주하고 있는 중향성으로 보았던 것이다.

2007년 복원된 낙산사 동종

我 太上大王 在位之十二年 東巡登金剛山 禮曇無竭 竝海而南親行是寺 與王大
妃 及我 主上殿下 瞻禮觀世音大士相 于時舍利分身 五彩晶熌 太上王發大願誓
命禪德學悅重刱 以爲我 殿下資福之刹 追念大願 繼述盆虔 寺旣成凡餘間 極其
莊嚴 百用皆備 而鍾其一焉 嗚呼 不由色相 無以現衆生圓滿之體 不緣聲塵 何
以發衆生淸淨之覺 然則橝槌道具 非止節千二之徒從之作止 實山門之法器 衆
生之警策也 況我 太上大王 聖德神功 卓越千古之盛美 我 主上殿下 以聖繼聖
重光大烈之偉績 不可不銘醒鼎 而勒鍾孔 以垂輝於罔極也

이 글을 읽어보면 이렇다. 처음 세조가 왕비와 세자와 함께 금강산 순례를 떠나 돌아오는 길에 낙산사에 들렀다가 사리가 분신하는 기적을 보고는 커다란 감동을 받았다. 그리하여 낙산사를 중창토록 하여 세자, 곧 예종의 자복사찰로 삼았다. 그런데 그해에 세조는 승하하고 예종이 즉위해서야 완성이 되었다는 것이다. 그리고 이 범종은 바로 이러한 연유를 간직하고 있는 중창 때 조성이 되었다고 말하고 있다.

범종에는 이처럼 명문이 적혀 있는 경우가 참 많이 있다. 그 범종을 만든 유래뿐만 아니라 그 사찰의 역사 또는 인물과 관련하여서도 꽤 유용한 정보가 들어 있으므로 눈여겨 볼 필요가 있다. 하지만 현실적으로 범종의 명문은 몇몇 관련학자들만 볼 뿐 사료로서의 가치를 제대로 인정받지 못하곤 한다. 이런 일은 하루 빨리 고쳐져야 한다. 한편으로는 사찰 측도 문제가 있다. 범종은 대개 범종각 안에 있으므로 일반 사람들은 가까이 가서 보기도 어렵고, 또 본다 한들 한문으로 되어 있어 읽고 이해하기가 쉽지 않다. 그렇다고 이런 좋은 사료를 내팽개쳐 두어야 할까? 그렇지 않다. 사찰 측에서 범종 옆에 범종에 새겨진 명문을 해석해 놓은 안내판을 별도로 만들어 둔다면 사람들이 보고 이해할 수 있으며, 나아가 그 사찰에 대한 인식도 더욱 높아질 테니 얼마나 좋은 일인가.

낙산사 동종은 최근의 화재 때 대부분 녹아 없어져버려 이같이 유려한 문장도 이제 더 이상 볼 수 없게 되어버렸다. 보물 하나를 잃은 것 이상으로 아쉬운 노릇이다. 다만 소실된 후 문화재청에서 곧 복원을 시작하여, 예전의 모습 그대로 2006년 10월에 다시 낙산사에 안치하였으며 현재는 범종각 안에 있다. 이 복원은 정념 주지스님의 적극적 노력으로 이루어질 수 있었다. 그런 의미에서 동종의 양식을 설명해 보겠다.

종신鍾身은 중앙에 세 줄로 된 굵은 띠를 옆으로 돌려서 몸체를 위 아래로 구분했다.

이 동종의 가장 큰 특징은 보통의 범종에서 보이는 띠 윗부분에 놓이는 연곽(유곽)과 연화(유두)가 생략된 것인데 대신에 그 자리에 보살상 4위를 양각으로 장식했고, 또 그 사이에 범자梵字 네 글자씩을 역시 양각으로 배치했다. 보살상은 두광을 갖춘 채 연화좌 위에 서 있는 모습이다. 두광·보관寶冠·천의天衣 등의 표현이 모두 유려한 솜씨로 되어 있다. 이 보살상 위와 종뉴 바로 아래에 있는 어깨띠肩部 부분에는 또 다시 범자 열여섯 자를 양각으로 돌아가며 배치했으며, 이 범자 위로 연잎 서른여섯 잎을 새겨 넣었다.

중앙 띠의 아랫부분, 곧 종신의 하부는 종의 입인 구연口緣에서 약간 올라간 자리에 굵은 옆 띠를 돌리고 너비 9.5센티미터의 띠 안에 구름무늬·물결무늬를 새겨 넣었다. 그리고 중앙 띠와 구연부 가까이에

복원된 낙산사 동종이 있는 범종루

있는 옆 띠 사이에는 이 범종을 조성하게 된 인연과 관계된 사람들의 이름을 적어 넣은 글이 양각으로 새겨졌다.

동종의 맨 윗부분 정상에는 반룡蟠龍 두 마리가 서로 엉켜 있는 용뉴龍鈕가 있으며, 용통甬筒은 생략되었다. 용뉴는 웅건한 몸체와 용 비늘 등, 그 조각 수법이 매우 사실적이다.

이 작품은 조선시대 범종 가운데 16세기 이전에 조성된 드문 예 가운데 하나로서, 범종 연구에 귀중한 자료가 된다. 크기는 전체 높이

158센티미터, 입지름 98센티미터이다.

3) 공중사리탑과 탑비

해수관음상 앞에 있는 관음전 옆의 숲속 길로 들어가서 약 100미터 가량 내려가면 숲속에 공중사리탑이 있다. 현재 강원도유형문화재 제75호로 지정되어 있다.

이 공중사리탑은 스님의 사리를 봉안한 부도탑浮屠塔으로, 조선시대 중기인 1692년(숙종 18)에 석겸釋謙 스님 등이 세웠다고 한다.

탑의 양식은 통일신라 말에서 고려 초에 유행했던 팔각원당형八角圓堂形을 기본으로 하고 있다. 구조는 지대석 및 하대석下臺石·중대석中臺石·상대석上臺石으로 구성된 기단부, 탑신과 옥개석의 탑신부, 그리고 탑신부 위에 놓인 상륜부의 3부분으로 구성되어 있다.

공중사리탑

기단부는 먼저 지반地盤 위에 장대석長臺石으로 지대석을 깔고 그 위에 팔각으로 구성된 기단을 얹었다. 하대석은 팔각으로서 옆면에 안상眼象을 마련하고 그 안에 태극무늬를 새겼으며, 그 윗부분에다 16잎의 복련을 조각했다. 중대석은 각 면을 아래 위로 연결된 연주문連珠紋으로 구획했으며, 그 안에 무늬가 새겨져 있다. 상대석은 밑부분을 앙련으로 장식하고 그 위의 옆면에 안상을 새겼다. 안상 안에는 범자를 음각으로 새겨 넣었다.

탑신이 둥근 것이 특색이며, 그 위에 올려진 옥개석은 팔각으로 되어 있다. 옥개석의 처마는 길이가 짧으며 끝에서 살짝 위로 솟아 있는데, 낙수면에 기와골은 표현되지 않았다.

상륜부는 앙련·복발·보륜·보주를 각각 따로 만들지 않고 한 돌에 큼직하게 조각했다.

그런데 이 공중사리탑은 어떤 연유로 만들어졌고, 왜 이렇게 기묘한 이름이 붙게 되었을까? 거기에 대한 해답은 공중사리탑을 세우고 난 뒤 이를 기념하기 위하여 세운 공중사리탑비에 자세히 보인다. 탑비에는 이렇게 나와 있다.

우리나라는 산수가 뛰어나 천하에 그 이름을 날리고 있다. 그 가운데서 영동 지방은 나라 안의 으뜸이다. 영동에서도 팔경八景을 꼽는데 낙산사는 가장 유명한 곳이어서 말하는 사람에 따라서는 첫손가락에 넣기도 한다. 그것은 앞선 사람들의 기록에 잘 나와 있다.

낙산사에는 특히 영험함이 많다. 그 중에서도 관음굴은 아주 기이하여, 의상과 원효 스님 등이 (관음보살의) 진신을 친견했고 또 용이 구슬을 건네주고 파랑새가 나타났던 이적이 전한다. 문사들이나 이름 있는 스님들의 기록이니 반드시 허황된 이야기라고 하지는 못할 듯하다. 굴 앞에 관음상을 봉안한 전각이 있으니, 만력년간의 을미년(1619)에 중건한 것이다. 상량하던 날, 푸른색 까치가 날아와 울었다고 한다. 그 뒤 65년이 지난 계해년(1683)에 개금불사를 하였다. 그런데 이날 어디선가 흘러나온 상서로운 기운이 주변을 감싸고 향기로운 냄새가 방 안에 가득하더니 문득 밝은 구슬 하나가 공중으로부터 탁자 위로 떨어졌다. 구슬은 맑기가 유리 같았고 반짝반짝 눈부시게 빛이 났다. 스님들이 모두 모여 기뻐하며 말하기를,

"관음굴에는 이 같은 상서로움이 옛날에도 이미 두 번이나 있었는데, 지금 세 번째로 일어났으니 얼마나 반가운 일인가!"

하였다. 석겸 스님 등이 커다란 서원을 발하여 석탑을 만들고 석굴 꼭대기에 세운 뒤 그 신령한 구슬을 봉안하고자 했다. 그로부터 9년 뒤 공사가 끝났다. 그 다음 해인 계유년(1693) 여름에 높다란 고개를 넘어 수백 리를 달려가 수춘거사壽春居士에게 찬문을 부탁하였는데, 거사는 그 사연을 한번 읽어 보더니 씩 웃으면서 다음과 같은 글을 지어 주었다.

부처는 본래 말이 없으니
구슬을 보여 주어 오묘함을 나타내셨구나
구슬 역시 빛을 머금고 있어
글을 빌려 그것을 알리려 하네

글은 사라지기 쉬운 것

돌에 새겨 오래도록 전하리라

구슬이여 돌이여

어느 것이 허상이고 어느 것이 진실일까

이야기인가 도道인가

주인도 손님도

어느새 그것을 얻었으니

신령함이 있음을 모두들 알겠네

가선대부이자 강원도 방어사 겸 춘천도호부사 이현석이 글을 짓고 아울러 두전頭篆도 썼다.

我東 以山水勝 名天下 而嶺東爲一國之最 嶺東稱八景 而洛山寺尤著聞 譚者 或以冠之 前輩之敍述備矣 寺之靈跡甚夥 而觀音窟極奇詭 義相元曉輩所云 親拜眞身者也 而龍珠翠鳥之異 文士名禪之記 固有不可誣者云 窟前有觀音像妥奉之殿 重建於萬曆己未 上樑日 有靑雀飛鳴焉 後六十五年癸亥 又以金像 黲剝 改塗而新之 于時祥光縹氣 馥郁盈室 一顆明珠 自空而隕于卓 淨如琉璃 寶輝晶瞬 緇徒咸聚而歎曰 此窟之有此祥 古已再 而今三之 豈不休哉 比丘釋謙等 發大願 造石塔 據窟之頂 以藏神珠 越九年工始訖 乃於翌歲癸酉夏 踰大嶺 走數百里 乞銘於壽春居士 居士讀記而一笑 仍系以銘曰

佛本無言 現珠著玄 珠亦藏光 借文以宣 文之懼泯 鑱石壽傳 珠耶石耶 誰幻誰眞 辭乎道乎 奚主奚賓 於焉得之 衆固有神

嘉善大夫江原道防禦使春川都護府使李玄錫撰幷書篆 甲戌五月日立

공중에서 떨어져 내린 구슬은 곧 사리舍利를 말한다. 낙산사에는 창건주 의상 스님이 관음보살에게 수정염주를, 그리고 천룡팔부에게 여의보주를 받은 것처럼 유난히 구슬과 관계된 이야기가 많이 전한다. 그런데 1683년 개금불사를 할 때 또다시 하늘에서 사리가 내려왔으므

공중사리탑비

로 사람들은 관음보살이 내린 이적이라고 여기고 이 사리를 공손히 받아 탑에 모셨다는 것이다.

　이 비문을 지은 이는 이현석[23]이라는 관리로, 당시 직함은 춘천도호부사였다. 도호부사가 직접 나서서 비문을 지을 정도였으니 낙산사의 위상을 짐작할 수 있고, 또 이 공중사리탑의 영험이 당시 사람들에게 얼마나 신이한 일로 받아들여졌는지 알 만하다. 다만 탑비의 비문 말미에 들어간 찬문을 지은 수춘거사라는 사람은 누구인지 나는 아직 모르고 있다. 찬문의 내용이 지나치게 관념적인 것으로 보아서 승려라기보다는 서울 지방에 살던 문사 같은데, 아마도 이현석의 절친한 친구가 아닐까 생각한다. 눈 밝은 강호 여러분들의 가르침을 구한다.

　이 탑비는 현재 홍련암 옆에 있는데, 다행히 최근의 화재 때도 무사하였다고 한다. 사찰에는 탑비가 있는 경우가 많다. 앞서 범종의 명문에 대해서도 말했지만, 이 탑비 역시 그 사찰의 알려지지 않은 역사와 흥미 있는 일화를 전하는 때가 많다. 대체로 야외에 방치되어 있기 때문에 훼손의 속도가 빠르니 더 늦기 전에 사찰 측에서 제대로 관리할 필요가 있는 것으로 보인다. 이번 화재 때 탑을 보수하면서 안에서 진신사리가 발견된 것으로, 현재 탑과 문화제 일체를 국가지정문화재로 신청한 상태이다. 문화재로 지정되면 앞으로 보다 철저한 관리가 이루어질 수 있으리라 기대된다.

　한편 이 공중사리탑이 자리한 곳은 풍수에서 말하는 이른바 '닭이 알을 품고 있는 형국'으로 길지吉地라고 전한다.

---

[23] 이현석(李玄錫, 1647~1703). 조선 후기의 문신. 본관은 전주全州. 호는 유재游齋. 서울에서 태어났다. 실학자의 원조격이며 『지봉유설』로 유명한 이수광李睟光의 증손이다. 1675년(숙종 1) 증광문과에 을과로 급제한 이래 삼사三司의 여러 벼슬을 지냈다. 1682년 우승지가 되었으나 송시열宋時烈 등 서인의 예론禮論을 반대하다가 철원에 유배되었다. 1688년 다시 동래부사에 임명되었고, 1689년 경상도 관찰사, 1691년 동지중추부사, 그리고 이 비문을 지은 1693년에 춘천부사를 지냈다. 그 뒤로도 청풍현감, 한성부 판윤, 우참찬, 형조 판서 등 여러 요직을 두루 거쳤다. 특히 춘천부사로 있을 때 백성의 구제에 심혈을 기울였다고 한다.

4) 원장

　원통보전 주위에는 그 둘레를 네모나게 사각형으로 둘러싸고 있는 조선시대 초기의 담장인 원장이 있다. 세조가 절을 중건할 때 처음 쌓았다고 전한다. 이 원장은 법당을 둘러싸 성역聖域 공간임을 구분하면서 공간 조형물로서의 효과도 아울러 겸비하고 있다. 이 담장이 있음으로 해서 원통보전이 훨씬 아늑하고 따스한 느낌을 주는 공간으로 자리 잡고 있으니 단순한 담장 이상의 의미를 지니고 있는, 사찰 건축에서는 보기 드문 우리나라의 대표적 담장이라고 할 수 있다. 누가 카

원통보전을 둘러싸고 있는 담장인 원장

메라 앵글을 들이대어도 항상 고즈넉한 분위기를 담아낼 수 있어서 낙산사를 찾는 사람들이 즐겨 기념촬영을 하는 곳이기도 하다. 최근의 화재 때 다행히 별다른 피해를 입지 않았다. 현재 강원도 유형문화재 제34호로 지정되어 있다.

담장 안쪽의 담벽은 기와로 쌓고 담장 바깥쪽은 막돌로 쌓았다. 법당을 향한 담장 안쪽에는 밑부분에 2단의 장대석 기단을 조성하고, 그 위에 다시 1단의 장대석 받침돌을 놓았다. 담벽은 강회진흙과 평와平瓦를 차례로 다져 쌓아 담벽 앞면에 기와로 가로와 세로의 줄을 맞추고, 일정한 간격에 맞추어 둥근 화강암을 배치함으로써 단조로운 벽면을 장식했다. 담장 바깥쪽 벽면은 막돌로 벽면을 고르게 쌓고 돌과 돌 사이는 강화진흙으로 메웠다. 담장 위는 기와로 지붕을 이어 담벽을 보호하고 있다.

본래 터만 남아 있었으나 근래에 전체적으로 보수하면서 연결했다. 크기는 전체 길이 220미터, 높이 3.7미터이다.

5) 홍예문

원통보전을 나와 조계문과 사천왕문을 지나 나가다보면 일주문 못 미쳐서 무지개 모양의 석문인 홍예문이 있다. 이 홍예문의 위는 누각이고 그 아래가 무지개 모양을 이룬다. 홍예문은 1467년(세조 13)에 축조되었다고 전한다. 1963년 이 홍예문 위에 누각을 새로 얹었는데 2005년 화재로 불타 없어졌다가, 2006년의 전체 가람 복원 때 누각을 새로 만들었다.

홍예문 내부

홍예문은 우리나라 사찰 중에서도 주변 경관이 특히 뛰어난 곳에서 찾아볼 수 있다. 그만큼 풍경에 일조하는 바가 크다고나 할까. 대표적인 곳이 전라남도 순천 선암사의 승선교昇仙橋와 여수 흥국사의 무지개 다리이고, 강원도 고성 건봉사에는 능파교凌波橋를 비롯해서 무려 4개나 있다.

축조 방식은 먼저 문의 기단부에 거칠게 다듬은 2단의 큼직한 자연석을 놓고, 그 위에 화강석으로 된 사각형의 선단석扇單石 3개를 앞 뒤 두 줄로 쌓아 둥근 문을 만드는 것이다. 선단석은 홍예문 등에서 맨 밑을 괴는 모난 돌을 가리킨다.

문의 좌우에는 큰 강돌로 홍예문 위까지 성벽과 같은 벽을 쌓아 사찰 경내와 밖을 구분했다.

이 홍예문에는 직사각형으로 26개의 화강석이 사용되었다. 당시 강원도에 모두 26개의 고을이 있었는데, 세조의 뜻에 따라 각 고을에서 석재 하나씩을 내어 쌓았기 때문이라고 전한다. 혹은 강현면 정암리 길가의 것을 가져다 쌓은 것이라고도 전한다.

6) 기타

낙산사의 문화재 가운데는 다른 데서는 보기 힘든 색다른 유물이 있다. 현재 강원도 춘천시 향토역사관에 소장된 청자 연적 및 벼루가 그것이다. 비록 지금은 낙산사에서 벗어나 있지만 처음에는 분명 낙산사에 전하던 것이다. 더욱 흥미 있는 것은 이 연적과 벼루가 조선시대 초기 낙산사 중건과 관련 깊은 세조가 절에 하사한 것이라는 점이다.

청자 연적

벼루

만해 한용운 스님이 1928년에 지은 『건봉사급건봉사말사사적』의 낙산사사적 중 「낙산사의 보물」편에 '大硯石, 朝鮮 世祖의 下賜品' 이라는 내용이 있어 적어도 당시까지는 이 벼루의 유래가 명확히 알려져 있었다고 볼 수 있다. 다만 현재로서는 그에 관한 다른 기록이 전혀 없고, 지금은 일반 사람들의 이목에서 완전히 벗어나 있기 때문에 그 같은 유물이 있는지도 거의 알려져 있지 않아서 이 유물이 절에 전하게 된 정확한 유래를 알기 어려운 것이 아쉽다. 아마도 만해 스님 당시에는 세조가 낙산사에 하사한 물품임을 증명할 만한 어떤 문건이나 기록이 전했던 모양인데 그 뒤 없어진 것 같다.

연적은 두꺼비 모양의 청자로 제작되었는데 현재는 검은 빛을 띤다. 크기는 전체 길이 10센티미터, 바닥 길이 8.4센티미터, 높이 6센티미터이다.

벼루는 직사각형인데 길이 약 50센티미터, 너비 30센티미터로서 크기가 큰 편이며, 가운데에 타원형의 연지硯池가 파여 있다.

한편 앞서 말한 『건봉사급건봉사말사사적』「낙산사의 보물」편에는 '敎旨二張, 朝鮮 成宗의 遺品이니 一은 民役免除요 一은 奴婢下賜니라' 는 말이 있다. 곧 성종 임금이 낙산사의 스님들에게 요역(나라를 위해 의무적으로 해야 하는 노동)을 면제해 주고, 절에 노비를 하사한다는 내용의 명령을 적은 교지敎旨 두 장이 있다는 것인데, 실물은 전하지 않고 그 내용만 알려져 있다.

의상대

의상대義湘臺는 의상 스님이 중국 당나라에서 돌아와 낙산사를 지을 때 이곳에 이르러 산세를 살핀 곳이며, 의상 스님의 좌선坐禪 수행처라고 전한다. 낙산사에서 홍련암의 관음굴로 가는 해안 언덕에 있다.

창건 이후 언제인가 이곳에 암자를 지었는데, 그때가 지금으로부터 1000여 년 전이라고 한다. 그러나 문헌 등에 자세한 연혁은 전하지 않고, 다만 용암 체조(龍巖體照, 1714~1779) 스님이 지은 「등낙가의상대登洛伽義湘臺」라는 시문이 다음과 같이 전하고 있어 연혁을 참고할 수 있다.

의상대의 석양

우연히 낙산사에 머무르다
의상대에 오르니 늙은 객의 시름을 씻어 주네
의상 스님 돌아가신 지 천 년이 지났어라
다만 산 아래 흘러가는 푸른 파도만 바라보네

偶然飛錫洛伽樓
湘老臺高洗客愁
師去千年不復返
但看山下碧波流

체조 스님의 활동 시기가 18세기이므로 위의 시를 통하여 적어도 이때까지는 의상대가 있었던 것으로 추정할 수 있다. 그 뒤 정확한 시기는 알 수 없지만 아마도 근대 이전에 폐허가 되었던 듯하다.

근대에 들어와서는 1925년에 낙산사 주지 김만옹金晚翁 스님이 이곳

의상대 원경

에 정자를 새로 지었다. 정자를 지을 당시가 6월인데, 들보로 쓸 굵은 나무를 구하고 있었다. 그러던 참에 거센 비바람이 몰아쳐 대 위에 있던 소나무 한 그루가 넘어졌고, 스님은 그 소나무로 들보를 만들어 육각형의 정자를 완성했다고 한다. 예부터 이곳을 의상대로 불러 왔으나 이때 정식으로 의상대라는 이름이 편액으로 붙었다. 이 의상대 편액은 근세의 명필가인 성당 김돈희[24]가 쓴 것으로, 황정견黃庭堅의 서체로 썼다.

1936년 폭풍으로 무너졌다가 이듬해 중건되었으며, 1974년에 강원도 유형문화재 제48호로 지정되었고, 1975년에도 한 차례 중건되었다.

---

24) 김돈희(金敦熙, 1871~1936). 호 성당惺堂. 안진경顔眞卿과 황정견의 서체를 배웠고, 예서隷書에도 능하였다. 1919년 서화협회의 창립에 주도적인 역할을 했다.

낙산사 의상대사 영정화가 동강 권오창의 스승인 현소 정홍거*화백이 그린 「의상대소견」

　근래는 1994년 11월 강원도에서 의상대를 점검한 결과 기둥·기와 등 구조체가 10도 가량 기울었고, 기둥이 썩은 흔적이 여러 곳에서 나타나는 등 붕괴 위험이 있어 해체되었다가 1995년 8월에 육각정六角亭으로 복원되었다.

　이곳은 낙산사에서 홍련암과 관음굴로 가는 길 해안 언덕 위에 있는데, 주위 경관이 매우 아름다워 예부터 '관동 팔경'의 하나로 꼽히면서 시인 묵객이 즐겨 찾는 곳이었으며, 지금도 낙산사를 찾으면 반드시 들러 보는 곳이 되었다.

＊현소 정홍거(玄素 鄭弘巨). 1912년생, 조선전람회 4회 입선, 고종어진을 그린 이당 김은호를 사사하고, 대법관을 역임했다.

석성

홍예문에서 동남쪽으로 80미터 가량 올라가면 절 뒤쪽에 있는 남상봉南上峰을 향하게 되는데, 그 아래에 석성石城이 쌓여 있다.

현재는 많이 무너진 채 석성의 흔적만 남아 있으나 본래는 낙산사를 빙 둘러싸는 주위 1,600미터 되는 긴 산성山城이었다. 성이 축조된 시기는 정확히 알 수 없으나, 이 지역이 통일신라시대부터 독자적 지방 토착세력이 자리 잡았던 지역인 것을 생각하면 그 역사를 꽤 오래 전으로 거슬러 올라가 볼 수 있을 듯하다. 우리나라에서 이렇듯 사찰이 산성 안에 자리한 예는 매우 드문 경우다. 전라북도 김제 금산사金山寺에도 견훤산성甄萱山城이라는 후삼국시대의 산성이 있지만 이것은 금산사와 거의 같은 등고선상에 있지 에워싸고 있는 것은 아니다.

이 산성의 줄기를 타고 남상봉과 절 북쪽에 자리한 장군성將軍城에 올라가면 낙산사 경내가 한눈에 들어온다. 장군성이라고는 하지만 산성은 아니고 봉우리의 이름인데, 옛날에 장수將帥가 진을 쳤던 봉우리라 하여 장군성이라고 부른다.

석성이 자리한 남상봉은 낙산사 남쪽에서 가장 높은 봉우리로서, 그 서남쪽으로는 설악산과 태백산이 둘러 있고, 동쪽으로는 동해가 가깝게 바라다 보인다. 이른바 '낙산 팔경'도 이 봉우리에서 전부 조망할 수 있다.

장군성은 낙산사 북쪽의 제일 높은 봉우리에 있는 성 줄기로서, 홍예문에서 북쪽으로 40미터가량 되는 거리에 있다. 이곳에 올라 주위를 바라다보면 동북쪽으로 동해의 만리장해萬里長海가 놓여 있고, 서북쪽으로는 금강산 향로봉을 비롯하여 설악산 울산바위와 갈미봉이 보

석성의 흔적

인다. 그리고 서남쪽으로는 태백산의 준령과 오대산이 보인다. 한마디로 이만한 절경이 부근에는 없다.

장군수(성주정)

낙산사 서쪽으로 400미터가량 거리의 봉우리 밑에는 맑은 샘물이 있다. 이 샘물은 조선시대에 낙산사에 머물던 법탄法坦 스님이 처음 발견했다고 하는데 여기에는 재미있는 얘기가 전한다.

법탄 스님은 이 샘물을 발견한 뒤 주로 자정 무렵에 물을 떠 마셨다. 그런데 이 물에는 몸에 좋은 성분이 많이 포함되어 있는 까닭에 스님은 날로 기운이 왕성해지고 힘도 장사가 되어, 나중에는 천하에 둘도 없는 장사가 되었으므로 사람들이 이 샘물을 장군수將軍水로 불렀다고 한다.

그 뒤 세조 임금이 낙산사에 왔을 때 이 샘물 이야기를 듣고는 석물로 주위를 두르고 스스로 많이 떠 마셨다. 그래서 그때부터 이 샘물은 성주정聖主井으로도 부르게 되었다고 한다.

삼선수(감로정)

본래 낙산사 홍련암 서쪽 봉향각奉香閣 후원에 있었던 샘물이다. 이 샘물에 얽힌 다음과 같은 전설이 전한다.

원효 스님이 하루는 영혈사에서 아침 세수를 하다가 문득 말했다.
"낙산은 관음도량이라 수천만인이 오가는 곳인데 식수가 없는 것이 유감이구나."
그러더니 짚고 있던 석장으로 땅을 찌르며 문수보살의 주문을 외우면서 낙산을 가리켰다. 그러자 그 뒤부터 이곳에 샘물이 솟기 시작했다.
한편 의상 스님은 홍련암 서쪽 봉우리에 신선이 노닌다고 말했다. 그 뒤 하루는 백발노인 세 명이 산에서 내려와 물을 마시고 산 위로 올라갔으니, 이들이 바로 의상 스님이 말한 신선이라고 한다. 이후로 사람들은 이 샘물을 세 분의 신선이 마신 물이라는 의미에서 삼선수三仙水라고 불렀다.

낙산팔경

낙산사에는 늘 푸른 동해뿐만 아니라 주변의 오봉산과 어울려 다른 곳에서 보기 힘든 경치가 여럿 있다. 이 가운데 특히 절경인 것 여덟 가지를 가려 낙산 팔경이라 부른다.
현재는 옛날에 비해 주변 환경이 다소 변해 예전의 그 경치가 그대로 남아 있지는 않지만, 낙산 팔경은 예전 낙산사를 비롯한 이곳의 서정적 풍광을 그려볼 수 있는 마음의 여유를 찾아 주기도 한다. 낙산 팔경은 다음과 같다.

제1경 낙가모종洛伽暮鍾 : 낙산사의 종소리
제2경 설악반조雪嶽返照 : 설악산에서 바라보는 해돋이
제3경 광석야침廣石夜砧 : 광석에서의 한밤중 다듬이 소리
제4경 기동모연基洞暮煙 : 기동에서 피어오르는 저녁밥 짓는 연기
제5경 평사낙안平沙落雁 : 망월대 앞 동해 모래사장에 내려오는 기러기떼
제6경 원포귀범遠浦歸帆 : 멀리 망월대 앞 포구로 돌아오는 돛단배 모습
제7경 구만장천九萬長川 : 길게 뻗어 내린 남대천南大川의 물줄기
제8경 망정추월望亭秋月 : 망월대에서 바라다보는 가을달의 정취

해수관음상 옆 샘물

사천왕문

근현대의 중창

1920년대까지만 하더라도 100칸이 넘는 큰 규모의 사찰이었던 낙산사는 1950년 6.25전쟁 때 모든 당우가 불에 타 없어지는 고비를 맞는다. 폐허가 되다시피 한 낙산사를 1953년부터 이승만 전 대통령과 당시 1군단장이었던 이형근 장군이 중심이 되어 중건하였는데, 원통보전과 칠층석탑이 이때 중수되었다.

아직 전쟁이 끝나지 않은 1953년 당시에 이형근 장군이 군대 병력까지 동원하여 낙산사 중수에 적극적이었던 이유는 낙산사가 전주 이씨 가문의 원찰이기 때문이라는 설이 있다. 조선을 건국한 태조 이성계는 왕이 된 이후 자신의 선조들을 선왕으로 추증했는데, 그의 증조할아버지가 되는 도조가 자손이 없어 양양의 관음굴 관세음보살에게 기도드려 얻은 자식이 익조이다. 익조의 아들이 환조이며, 이 환조가 바로 태조 이성계의 아버지이다.

화염을 이기고 되살아난 소나무(2009년 촬영)

근현대의 중창

　1920년대까지만 하더라도 100칸이 넘는 큰 규모의 사찰이었던 낙산사는 1950년 6.25전쟁 때 모든 당우가 불에 타 없어지는 고비를 맞는다. 폐허가 되다시피 한 낙산사를 1953년부터 이승만 전 대통령과 당시 1군단장이었던 이형근 장군이 중심이 되어 중건하였는데, 원통보전과 칠층석탑이 이때 중수되었다.

　아직 전쟁이 끝나지 않은 1953년 당시에 이형근 장군이 군대 병력까지 동원하여 낙산사 중수에 적극적이었던 이유는 낙산사가 전주 이씨 가문의 원찰이기 때문이라는 설이 있다. 조선을 건국한 태조 이성계는 왕이 된 이후 자신의 선조들을 선왕으로 추증했는데, 그의 증조할아버지가 되는 도조가 자손이 없어 양양의 관음굴 관세음보살에게 기도드려 얻은 자식이 익조이다. 익조의 아들이 환조이며, 이 환조가 바로 태조 이성계의 아버지이다.

　1968년에는 낙산사 동종과 칠층석탑이 보물 제479호와 제499호로 각각 지정되었다. 1970년대 들어 낙산사는 더욱 활발한 불사를 전개하였다. 1975년에는 의상대와 홍련암이 중창되었고, 1976년에는 홍예문이 중건되었다. 이듬해인 1977년에는 원철 스님이 동양 최대 규모(높이 16미터)의 해수관음상을 봉안하였는데, 현재 이는 가장 유명한 낙산사의 성보 가운데 하나이다.

　1993년에는 보타전이 완공되었다. 보타전은 앞면 5칸, 옆면 3칸의 웅장한 건물로 낙산사가 우리나라의 대표적인 관음도량임을 상징하는 건물이기도 하다. 안에는 천수관음 등 7관음상과 천오백관음상이

2009년 복원된 원통보전과 주변 전각

있다. 1995년에는 의상대가 중수되었으며 요사인 심검당이 세워졌다.

2005년 화재 이후의 중창불사 현황

2005년 4월 5일 식목일, 강원도 양양 인근에서 발생한 대형 산불이 양양지역 일대를 덮쳐 마을의 건물 200여 채가 소실되고 천년 고찰인 낙산사에서도 원통보전과 일주문 등 총 20여 개 주요 당우가 휩쓸렸다. 이로 인해 보물 제479호인 낙산사 동종을 비롯, 보타전과 의상대 등 본전과 다소 거리가 있는 건물을 제외하고는 대부분의 전각과 유물들이 소실되었다. 이 사건은 산불 등의 재난에 의한 문화재 훼손에 대한 경각심을 불러일으키면서, 당시 크게 화제가 되기도 했다.

이 사건으로 인해 '화재로부터 전통사찰과 문화재를 보호하기 위한 근본적인 화재 재발 방지대책 수립'이라는 국무총리 지시(2005년 4월 12일)가 있었고, 이어 국무회의에서 '낙산사 화재피해 복구 및 전통사찰 화재예방대책'이 발표(2005년 5월 17일)되었다. 이에 따라 정부 차원에서 낙산사의 대대적인 복원 작업이 진행되었다. 국립문화재연구소 유적조사연구실에서 시행한 낙산사 발굴조사도 복원 이전의 준비 작업으로 시행한 것이다.

발굴작업

낙산사 발굴 작업은 기본적으로 6.25전쟁 때 피해를 입어 중수된 모습이 아니라, 낙산사의 사세가 최대 규모였던 조선 초기의 세조 때 중수한 모습으로 복원하기 위하여 실시되었다.

이 발굴조사는 낙산사 지역 중 최대 피해를 입은 원통보전과 그 주변 지역에 대한 정밀 발굴 조사로, 낙산사 사역이 변화되는 과정을 밝히고 건물지의 정확한 규모와 위치 등을 파악하여 낙산사 복원의 고증자료로 활용하기 위해 실시되었다. 그 결과 원통보전의 규모가 조선시대 세조 때 최대 규모였음을 확인했으며 낙산사 사역의 배치가 1600~1700년대 단원 김홍도가 그린 '낙산사도'와 유사한 모습이었음을 밝혔다.(『낙산사 발굴조사보고서』, 국립문화재연구소, 2008.)

발굴조사 완료 전경(낙산사 발굴조사보고서, 2008)

　발굴 결과 원통보전의 터를 비롯하여 조선시대 낙산사의 윤곽이 드러났으며, 따라서 현재의 모습은 화재 이전보다 오히려 이전 시대의 모습으로 복원된 상태라고 할 수 있다. 화재의 피해를 입지 않은 보타전과 보타락, 의상대, 사천왕문은 그대로이며, 원통보전을 비롯해 빈일루, 응향각, 정취전, 설선당, 근행당, 송월료, 고향실, 홍예문 등의 주요 당우가 모두 새롭게 중건·중수되었다. 이 대부분의 가람 복원

불사는 정념 주지스님의 원력에 힘입은 바가 컸음은 물론이다. 정념 스님이 복원한 전각 등은 이 책 「낙산사의 현재」 '전각 일람'의 표에서 자세히 알 수 있다. 이제 각 전각에 대한 자세한 복원 내역을 살펴보겠다.

복원 불사의 진행과 성과

1) 전각

홍예문

쌍무지개가 떠 있는 문. 화재 때 위의 전각이 소실되고 석축이 어긋난 것을 해체하고 다듬어서 2006년 복원 완료하였다.

범종루

복원된 낙산사 동종을 비롯해 범종, 법고, 목어, 운판 등 사물이 걸려 있는 곳으로 화재 때 소실된 이후 모두 새로 조성한 것이다.

홍예문

빈일루 현판

빈일루

빈일루

해를 맞이하는 누각이라는 뜻으로, 현판은 지관 큰스님이 쓰셨다. 화재 이전에는 없었던 건물로 이전의 사천왕문과 조계문 사이에 위치한다. 원통보전과 설선당, 정취전, 응향각 등으로 들어가기 위해서는 반드시 지나야 하는 건물이다.

응향각

본래 담장과 조계문이 있던 자리에 새롭게 들어선 건물로, 문을 중간에 두고 양쪽 날개로 방이 붙어 있는 형태이다. 이 방들은 추후 명상을 위한 곳으로 쓰일 예정이다.

응향각

설선당

참선 수행을 위한 당우. 본래 주지실인 고향실이 있던 자리에 새로 지어졌다.

정취전

현재 정취전이 있는 자리는 화재 이전에는 무설전이 들어서 있었던 곳이다.

대성문

관음대성을 만나기 위하여 들어가는 문을 뜻한다. 설선당과 근행당을 지나 원통보전과 칠층석탑이 있는 곳으로 들어가는 문이 바로 이 대성문이다. 화재 이전에는 탱화가 그려져 있지 않았으나 중수하면서

대성문

새로 조성하였다.

원통보전

보물 제1362호인 건칠관음상이 모셔져 있는 낙산사의 금당이다. 낙산사 화재 때 전소되었다가 정념 스님에 의해 새롭게 지어졌는데, 당시의 불에 탄 기둥과 대들보 일부를 의상기념관에서 볼 수 있다. 불상이 모셔져 있는 불단에는 극락조, 코끼리, 삼족오, 가릉빈가, 용 등 영수靈獸들이 화려하게 조각되어 있으며, 불상 위의 닫집에 또한 용 다섯 마리가 조각되어 있다.

원통보전에 현재 걸려 있는 현판은 경봉 큰스님의 글씨를 서각한 것이다. 현판 밑에는 뿔 대신 흰 혹이 있는 용이 그려져 있다. 이 용은 교

원통보전과 칠층석탑

룡이라고 하는 바다에 사는 용으로, 김치관1)의 『역락재집』「답동해부」에 '동해는 교룡의 집이오' 라는 구절이 있다. 즉 교룡은 동해용왕의 본래 모습이라는 의미에서 원통보전 좌측 상단의 현판 밑에 그려 넣은 것이라고 한다.

원통보전 앞마당에는 보물 제499호인 칠층석탑이 다행히 화마를 피하여 이전과 같은 모습으로 서 있다. 2005년의 화재 때 주지 정념 스님이 죽음을 무릅쓰고 대중스님들과 함께 원통보전에 봉안된 건칠관음보살좌상을 밖으로 모셔냈다. 또한 정념 스님은 칠층석탑을 보호하기 위해 이 탑에 대한 헬리콥터의 무차별 공중 방화수 살포를 막아서 소중한 문화재(보물 2점)의 훼손을 막을 수 있었다고 한다.

1) 김치관(金致寬, 1569~1661)은 시문집 『역락재선생문집』을 지었다. 김치관의 자는 이율而栗, 호는 역락재亦樂齋, 본관은 의성이다. 김치관의 아버지는 참봉 응주應周며, 어머니는 영양 남씨로 세기世期의 딸이다. 8세 때 이미 경사자집經史子集에 통했으며 9세 때 유성룡 문하에서 공부했다. 1589년(선조 22) 남산에 서사書舍를 세우고 학문에 정진했으며 장현광을 따라 남산 강소에서 수학하기도 했다. 1631년(인조 9) 향교에서 향음주례를 설시하는 한편 오경을 가르쳤다. 일찍이 벼슬에 뜻을 두지 않고 평생 학문연구와 교육에만 힘썼다.

근행당

근행당은 부지런히 수행하라는 의미를 가진 당우로, 화재 이전 낙산사 종무소와 취숙헌이 있던 자리에 새롭게 세워졌다. 고향실과 송월료가 있는 곳으로 들어가는 문이기도 하다.

송월료

달을 떠나 보내는 집이라는 의미를 가진 당우로, 빈일루의 북서쪽에 있다.

고향실

요사채. 현 설선당 자리에 있다가 이번 중수 때 지금의 자리로 옮겨졌다.

고향실

사천왕문을 지킨 나무들(2005년 화재 당시 사천왕문을 지켜 준 수호신)

취숙헌

여러 곳에서 모인 사람들이 머물면서 깨달음을 얻길 바란다는 기원을 담은 당우이다.

그 외에 사천왕문·보타전·보타락·홍련암·의상대·의상기념비·해수관음상·공중사리탑·공중사리탑비·해우소는 기존에 있던 전각·유물들이다. 이중 비교적 떨어져 있는 건물들을 제외하면, 큰 피해를 입은 원통보전 주위의 전각 중 현재 남아 있는 것은 사천왕문뿐이다. 사천왕문은 낙산사에서 가장 오래된 목조 건물로서 사천왕의 가피로 인해 6.25전쟁 등의 재난에서 무사할 수 있었다고 한다. 2005년 화재 때에도 이 사천왕문 바로 앞에 있던 큰 나무 두 그루까지 불이 번졌는데, 사천왕문에 불이 옮겨 붙을 찰나에 사천왕문으로부터 큰 바람이 불어와 불이 꺼졌다고 한다. 현재도 그 불이 붙었던 나무는 살아서 사천왕문 앞에 서 있다.

2) 낙산사 동종 복원

보물 제479호 낙산사 동종은 1469년(예종 1)에 만들어진 것이다. 높이 158센티미터, 입지름 98센티미터였으며 조선시대 특유의 양식을 보여 주었던 우수한 종으로, 낙산사와 깊은 관련을 맺고 있던 아버지 세조를 위해 예종이 만들도록 한 것이다.

2005년 화재 때 소실된 것을 복원하여 이듬해인 2006년 10월 16일 보타락에 안치, 타종식을 가졌다. 이 복원은 주철장 인간문화재인 원광식 씨를 비롯하여 문화재 전문가와 금속 전문가, 조각가, 음향전문가 등 전문 인력이 총동원되어 이루어졌으며 제작 기간은 13개월에 걸친 정교한 작업이었다.

소실된 낙산사 동종의 일부

2007년 복원된 낙산사 동종

낙산사 동종의 복원은 우리나라 최초로 소실된 문화재를 그대로 복원했다는 데 의의가 있다. 서울대에 보관되어 있던 이 동종에 대한 금속성분 분석자료와 실측 도면 등을 활용하여 모습을 동일하게 만든 것은 물론이고, 원래의 구성 성분까지 최대한 근접하게 제작한 것이다. 이는 화재로 큰 피해를 입은 낙산사의 가람을 완벽하게 복원하고

공중사리탑

자 하는 의지를 나타냄과 동시에 다시는 부주의하게 문화재를 잃어버리지 않겠다는 결의를 드러낸 것이라고도 할 수 있다.

이전 모습과 거의 완벽하게 흡사한 이 동종은 현재 범종, 사물과 함께 낙산사 범종루에 걸려 있으며, 화재로 소실된 보물 낙산사 동종의 일부는 의상기념관으로 옮겨져 전시되어 있다.

3) 공중사리탑

조선시대 1692년(숙종 18)에 건조된 낙산사 공중사리탑은 보타전에서 의상대로 가는 길목의 해안쪽 산 능선, 탁 트인 바다가 바라다 보이는 곳에 자리하고 있다. 신라 이래 전형적 양식으로 건조된 8각 원당형八角圓堂型의 일반적인 석조 부도 형식이다.

지난 2006년 4월 28일 화재로 큰 피해를 입은 낙산사 경내를 보수하던 중, 의상대 부근에 있는 공중사리탑(강원도 유형문화재 제75호)도 주위의 수목이 전소되면서 이에 영향을 받아 각부 석재에 손상이 있어 분해·보수하는 작업이 있었다. 그런데 이 작업 도중에 위쪽의 탑신석 중앙에 있는 직경 23센티미터, 깊이 17센티미터의 원형의 사리공舍利孔 안에서 사리장엄구가 발견되었다.

일찍이 1953년도에 이 탑을 조사한 정영호 박사(단국대 박물관장)에 의하면, 당시부터 기울어 있던 탑이라 이미 도굴당했던 것으로 여겨왔다고 한다. 그런데 이 탑 안에서 사리 1과, 금속제 사리기, 호박사리호, 백지주서문서, 비단보자기 등 무려 40점의 소중한 성보문화재가 양호한 상태로 발굴된 것이다.

이 사리장엄구는 여러 겹의 비단과 천, 그리고 금속·유리제 합으

공중사리탑에서 발견된 사리호를 수습하는 모습(2006년)

로 엄중하게 사리를 보존하고 있는 구성으로 이루어져 있다. 먼저 노란색 비단 보자기에 싸여있는 원형의 청동합 안에 일곱 겹의 비단으로 빈틈없이 싸여있는 원형의 은제합이 들어 있다. 그리고 은제합 안

수습된 사리호와 사리

에 여러 상서로운 문양이 들어가 있는 2겹의 비단으로 싼 원형의 금제 합이 안치되어 있는데, 이 주변을 네 꼭지의 다라니가 보호하고 있다. 금제합 안에는 색동 비단 1겹으로 싼 자주색의 원형 유리제 사리호가 있고, 그 안에 불사리 1과가 흰색 명주솜 보료 위에 봉안되어 있는 형태이다.

  이처럼 사리를 봉안한 외합을 몇 겹의 비단보자기에 소중히 싸고, 그 안에 탑을 건립한 시기까지 자세히 기록하여 사리탑이 건립된 정확한 날짜를 알 수 있는 사례는 드물다. 특히 이처럼 호박색의 유리제 사리호, 금·은·동제의 사리기, 조성문서 및 진언, 비단보자기 등을 모두 갖추어 질서정연하게 조성한 사리장엄구는 매우 희귀한 사례이다.

공중사리탑과 해수관음공중사리비 및 발견된 사리장엄구는 그 역사적·학술적 가치가 매우 크다고 판단되어, 2009년 강원도 문화재위원회의 사전심의를 받아 국가지정문화재로 지정될 예정이다.

낙산사의 현재

음력 24일이 되면 낙산사에는 전국에서 신도가 구름같이 운집한다. 바로 관음법회에 참가하기 위해서인데, 때문에 이 법회는 전국에서 신도가 가장 많이 모여드는 법회 중 하나로 알려져 있다. 매월 관음재일마다 서울·경기 지역을 비롯해 부산·경남 등 전국에서 낙산사로 향하는 무료 셔틀버스가 운영되고 있기도 하다. 그 외에도 낙산사에는 매월 음력 1일의 초하루법회와 산하 직원이 모이는 직원법회를 정기적으로 거행하고 있다.

낙산사 빈일루 누각 천정

낙산사의 현재

1) 법회 일정

관음법회

매월 음력 24일이 되면 낙산사에는 전국에서 신도 1,500명이 구름같이 운집한다. 바로 관음법회에 참가하기 위해서인데, 때문에 이 법회는 전국에서 신도가 가장 많이 모여드는 법회 중 하나로 알려져 있다. 매월 관음재일마다 서울·경기 지역을 비롯해 부산·경남 등 전국에서 낙산사로 향하는 불심이 멈추지 않고 있다.

그 외에도 낙산사에는 매월 음력 1일의 초하루법회와 산하 직원이 모이는 직원법회를 정기적으로 거행하고 있다.

낙산사 회향식(2009년)

2) 신도회 일람

낙산사 신도회

낙산사 신도회는 신도들의 활동이 증가하고 낙산사 소속의 신행 단체가 속속 창립됨에 따라, 각 신행 단체 간의 긴밀한 협조 체제를 유지하고 사찰 업무를 효율적으로 지원하기 위해 구성되었다.

최초의 신도회인 관음회가 주축이 되었으며, 2004년 낙산사 신도회 운영위원회로 시작하여 현재는 낙산사 신도회로 개명하였다. 신행단체 간 조율이나 각종 불교 업무에 관한 체계적인 협조 이외에도 재가 신도들의 신행 생활에 도움을 주는 것을 당면 목표로 하고 있다.

대표적인 활동으로는 부처님 오신 날 행사 및 봉축 제등행렬 준비와 집행을 맡아 하고 있으며, 신도회의 운영 및 신행단체 결속을 위한 행사 등을 추진하고 있다.

관음회

관음회는 낙산사에서 가장 오래되고 또 가장 큰 신도회로서 약 50년의 전통과 100여 명이 넘는 회원 수를 가지고 있다.

또한 관음회는 부처님의 가르침을 따르는 불자모임으로 자비를 배우며 봉사를 실천하고, 회원 상호간에 친목을 도모하여 상부상조할 것을 목적으로 한다. 신도회나 바라밀회, 합창단 등의 모태가 된 곳 또한 관음회이다.

바라밀회

1997년 회원 12명의 소규모로 출발한 바라밀회는 현재 100여 명의 회원들이 소속되어 있는 규모 있는 신도회로 거듭나고 있다.

바라밀회의 결성 목적은 '생활 불교로 이어지는 실천보시행' 과 '포교를 통한 불법전파', '불우한 이웃을 내 가족처럼' 등으로, 활동 내역에서도 그러한 실천이 잘 드러난다. 바라밀회는 성지순례나 야외법회 등 종교적인 활동뿐만 아니라 낙산노인전문요양병원이나 정다운마을 등의 요양시설에 위문 가는 일도 꾸준히 실천하고 있으며, 농경지를 직접 경작하여 수확한 쌀로 불우이웃을 돕기도 한다. 또한 양양군 자원봉사센터에 입단하여 문화유적지나 불우가정 등에서 봉사활동을 지속적으로 행하고 있다.

연하당 목어 풍경

의상회

의상회는 모든 사람들의 행복을 위해 부처님의 가르침을 따르는 공무원 불자모임으로, 심신을 다지고 봉사를 실천하며 회원간 친목을 도모함으로써 더불어 사는 사회와 직장생활을 영위하고자 결성되었다.

합창단

불자들의 친목을 도모하고 불음을 통해 포교 활동에 이바지하고자 창단된 낙산사 합창단은 기존의 관음회에서 분파된 모임이다. 1998년 관음회 회원 12명을 중심으로 결성되어 현재 50여 명의 회원이 찬불과 포교에 매진하고 있다. 매달 월례회를 개최하며 매주 2시간씩 연습 시간을 가진다.

또한 낙산사를 비롯한 지역의 사찰에서 거행되는 정기법회 때에 음성 공양을 드리기도 한다. 이외에도 합창단에서는 요양원이나 학교, 군대 등에서 점심공양 봉사활동을 하고 있으며, 낙산사 국수공양간 봉사활동도 정기적으로 맡아 하고 있다.

보현회

보현회는 보현보살의 십대원을 바탕으로 신행활동을 하는 속초 지역의 불자들을 주축으로 설립된 단체이다. 법회 참석은 물론이고 여러 사찰의 행사에 적극적으로 동참하며, 주위의 어려운 이웃을 돌보는 등 봉사활동에도 힘쓰고 있다.

3) 불교대학

낙산사 불교대학은 2003년 4월에 개교하였다. 매주 금요일 오후 7시부터 두 시간 동안, 주 1회 수업으로 6개월 과정이며 약찬게, 선가귀감 등을 강의한다. 2009년 3월 142명의 학생이 등록하여 수업을 받았다.

4) 박물관(의상기념관)

의상기념관은 그 이름에 걸맞게 들어가면 바로 정면에 의상 스님의 진영과 상이 전시되어 있으며, 의상 스님과 관련된 경전이나 유물, 그림 등을 전시하고 있다. 현재 유독 눈에 띄는 것은 불에 탄 낙산사 동종의 일부를 보관하고 있다는 점이다. 까맣게 녹아서 그대로 굳어버린 종의 모습은 그 당시 화재의 참상을 생생하게 전달해 준다. 또한 화재로 인해 반쯤 탄화되어 버린 원통보전의 기둥과 대들보의 일부도 보관, 전시 중이다.

그 외에도 박물관에는 발굴 당시 출토된 각종 기와와 그릇 등을 전시하고 있는데, 발굴된 유물이 워낙 많아 전시해 둔 것은 일부에 불과하다. 여기에는 조선시대 것은 물론이고 고려시대, 나아가 통일신라시대의 기와까지 전시되어 있어 천년 고찰인 낙산사의 긴 역사를 증

의상기념관

낙산사 노인복지센터

명해 준다.

기념관 바로 오른편에는 국수공양간이 있다. 2005년 화재 이후부터 운영하고 있으며 매년 10만여 명이 이용하고 있다. 낙산사를 찾은 사람이라면 누구나 점심시간(11 : 30 ~ 1 : 30)에 무료로 국수를 공양할 수 있다. 또한 기념관 맞은편에는 전통차와 식사, 기념품 등을 판매하는 다래헌이 자리 잡고 있다.

5) 부속기관

낙산사 복지재단

낙산사 복지재단은 불교의 자비보살 정신으로 지역의 복지 향상에 기여하고자 2005년 당시 낙산사 주지 정념 스님에 의해 설립되었다. 치매나 중풍 등 수발이 어려운 중증 질환을 앓고 있는 노인과 그 수양가족, 그리고 부득이한 사정으로 가족의 부양을 받지 못하는 노인들에게 낮 동안의 보호 서비스를 제공하는 노인복지사업이 그 첫 번째 사업이다. 이를 위해 낙산사 복지재단에서는 낙산노인복지센터와 함께 노인전문의료시설인 낙산사 상락원을 운영하고 있다.

낙산노인복지센터는 부득이한 사유로 가족의 보호를 받을 수 없는 치매, 중풍, 노환 및 근골격계 질환으로 고생하시는 어르신께 낮 동안 각종서비스를 제공함으로써 노인이 가족 및 친지와 더불어 건강하고 안정된 노후 생활을 영위할 수 있도록 함과 동시에 부양가족의 부담을 덜어 주기 위함을 목적으로 하고 있다.

마지막으로 무료급식제공사업이 있다. 낙산사 복지재단에서는

낙산사 상락원

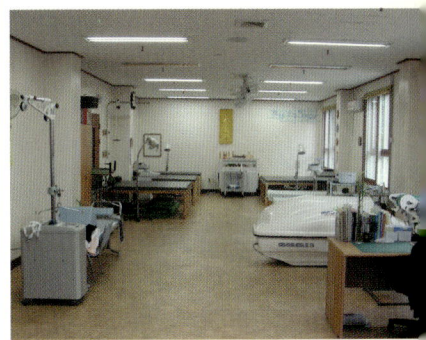

상락원 내부

2007년 양양군 문화복지회관에 낙산사 무료급식소를 개관, 매일 250명의 경제적으로 어려움을 겪는 어르신들에게 맛있고 영양가 높은 점심을 무료로 제공하고 있다.

무산지역아동센터

낙산사에서는 초등·중학교 학생들을 위한 자유로운 학습과 여가 공간인 무산지역아동센터(의상공부방)도 운영 중이다. 정념 스님이 설립한 무산지역아동센터는 양양지역에서 유일한 어린이 도서관을 포함하여 국내 최대 규모의 시설을 자랑한다. 또한 이곳은 국내에서 가장 큰 초·중학교 공부방이기도 하며 유아와 어린이, 청소년들의 교육의 장을 아우르는 종합적인 아동 포교의 장으로 발돋움하고 있다. 현재 80명의 학생들이 이용중이다.

무산지역 아동센터

무산지역아동센터 활동 모습

낙산사 유치원

낙산사 유치원

낙산유치원은 1985년 개원한 이래 현재까지 지속적으로 운영되고 있는 낙산사 부속 기관이다. 현재의 낙산유치원은 2007년 새로운 부지(2,000평 토지 매입) 위에 신축, 준공한 건물로 마치 별장 같은 수려한 외관에 아이들을 위한 쾌적하고 안전한 시설을 갖춘 교육 환경을 자랑한다. 2층에는 60평 정도의 강당을 갖추어 다도·명상·요가를 할 수 있는 공간을 마련하였다. 140여 명의 유치원생들이 건강과 지성, 창의성과 도덕성을 갖춘 아이로 성장할 수 있도록 지도하는 것이 목표이다.

낙산사 포교당

양양읍에 위치한 무산사는 낙산사의 포교당으로 2009년 신축한 건물이다.

6) 낙산사 템플스테이

낙산사 템플스테이는 해돋이 명상, 백사장 걷기 명상, 유적지 답사(전진사지, 선림원지 등), 산행, 법륜석에서 하는 108배, 차담, 연꽃과 염주 만들기, 낙산사 상락원 봉사체험, 산사 트래킹(백담사, 진전사지), 만해마을, 만해 박물관 방문(시조 백일장) 등의 프로그램을 중심으로 매년 새로운 프로그램으로 개설된다.

산사 체험은 연중 언제라도 사찰의 문화를 체험할 수 있는 프로그램이다. 오후 2시에 들어가서 다음날 오후 1시에 나오는 1박 2일의 일정으로 낙산사를 거닐며 성보문화재를 관람하는 불교문화 체험, 삶을 돌아보는 명상의 시간, 봉사 활동 및 연꽃등 만들기 등을 주요 프로그램으로 운영하고 있다.

무산사

무산사 요사채

낙산사 템플스테이. 영어 안내가 가능하기 때문에 외국인들도 많이 찾는다.

외국인 템플스테이 중 발우공양 모습

　전통사찰 문화체험은 일정 등 큰 얼개는 산사 체험과 비슷하나 좀 더 시간을 자유롭게 쓸 수 있고, 진전사지와 백담사, 만해마을까지 돌아보는 일정으로 불교와 사찰의 문화에 대해 보다 폭넓은 이해를 얻을 수 있다. 만해마을에서는 만해박물관을 관람할 수 있는데, 만해 한용운을 비롯한 여러 시인들의 시가 여러 미술작품과 함께 전시되어 있어 예술의 정취를 한껏 느낄 수 있다.

마지막으로 보타락가補陀洛伽 신행체험 프로그램이 있다. 보타락가는 산스크리트어로 관세음보살이 거주하는 산인 포탈라카potalaka를 한자로 음역한 것이다. 앞서의 프로그램들과는 다르게 2박 3일의 일정인데, 산사체험 일정과 전통사찰 문화체험 일정이 고루 들어가 있으며, 그 외에도 전통 떡 만들기나 사군자 난 배우기, 신흥사 방문 등이 추가된 다채로운 프로그램으로 구성되어 있다.

7) 전각 일람

전각·유물명	규모	용도	비고
원통보전	앞면 3칸, 옆면 3칸	금당	2005년 화재 이후 주지 정념 스님이 복원
설선당	앞면 5칸, 옆면 3칸	다실	
정취전	앞면 5칸, 옆면 3칸	수행실	
응향각	앞면 9칸, 옆면 1칸	명상실	
빈일루	앞면 3칸, 옆면 3칸	누각	
근행당	앞면 9칸, 옆면 1칸	수행실	
송월료	앞면 3칸, 옆면 3칸	다실	
고향실	앞면 6칸, 옆면 3칸	요사채	
범종루		범종, 동종 및 사물	
홍예문			
선열당	앞면 6칸, 옆면 5칸	공양간	
취숙헌	앞면 15칸, 옆면 3칸	템플스테이 숙소	
심검당	앞면 11칸, 옆면 3칸	요사채	
홍련암 연하당	앞면 3칸, 옆면 3칸		
해우소		화장실	
홍련암	앞면 3칸, 옆면 3칸	산내암자	1975년 중건
의상대		정자	2009년 중수
관음전	앞면 3칸, 옆면 2칸		1975년
보타전	앞면 5칸, 옆면 3칸	천수관음 등 봉안	1993년 신축
보타락	앞면 3칸, 옆면 3칸	누각	2003년 신축
해수관음상			1977년 조성, 높이 16미터
칠층석탑			보물 제499호
공중사리탑		부도	1692년 조성
의상기념관	앞면 5칸, 옆면 5칸	박물관	2001년 신축
다례헌	앞면 9칸, 옆면 5칸	다원 겸 기념품 매장	2001년 신축
대성문	앞면 1칸, 옆면 1칸		2009년 보수
사천왕문	앞면 3칸, 옆면 2칸		

8) 역대 주지 명단

*표시는 「건봉사급건봉사말사사적」 중 「낙산사」 편에 의거

이름	법명	취임년월일	해임년월일
	*백월白月	1911. 12	
	해성海星	1914	
	*윤설욱尹雪昱	1914. 12	
	*응호應湖	1918. 5	
	*김규현金奎鉉	1924. 4	
	만옹晩翁	1925	
	원허圓虛		
박승수朴承洙	동암東庵	1962. 10. 14	1967. 2. 18
이운송李芸松	운송芸松	1967. 9. 13	1971. 9. 20
최영권崔英權	원철圓徹	1971. 9. 20	
〃	〃	1975. 10. 27	
〃	〃	1979. 10. 9	
하종진河宗鎭	중천中天	1980. 12. 22	1981. 10. 5
이종춘李鐘春	진철眞徹	1981. 10. 5	1982. 6. 4
〃	〃	1982. 6. 4	1986. 7. 2
이조봉李朝奉	혜승慧承	1986. 7. 2	1990. 7. 7
이상직金尙稙	보산寶山	1990. 7. 7	1992. 1. 7
김대환金大煥	마근麻斤	1992. 1. 7	1995. 12. 28
송태현宋台鉉	지홍知洪	1995. 12. 28	2002. 4
이현호李鉉鎬	설웅說熊	2002. 4	2005. 3. 18
허창수許昌洙	정념正念	2005. 3. 18	2009. 12 (4년 10개월 역임)

홍련암

낙산사의 산내암자인 홍련암은 의상대 북쪽 300미터 지점에 있다. 이 홍련암은 의상대사가 본절인 낙산사를 창건하기에 앞서 관음보살의 진신을 친견한 장소이자 관음보살을 친견하기 위해 석굴 안에서 기도하던 바로 그곳으로서 낙산사의 모태가 된다는 점에서 의미가 있다. 관음보살을 친견하기 위하여 당시 신라의 서울인 경주에서부터 멀리 이곳까지 온 의상대사는 지금의 홍련암 부근에서 파랑새를 만났는데, 새가 석굴 속으로 들어가므로 이상히 여겨 굴 앞에서 밤낮으로 7일 동안 기도를 했다. 이윽고 7일 후 바다 위에 붉은 연꽃, 곧 홍련이 솟아나더니 그 위에 관음보살이 나타나 드디어 친견할 수 있었다. 그리하여 이곳에 암자를 세우고 홍련암이라고 이름 짓고, 푸른 새가 사라진 굴을 관음굴이라 불렀다고 한다.

홍련암 가는 길 연등

홍련암

의상대사의 창건

낙산사의 산내암자인 홍련암紅蓮庵은 의상대 북쪽 300미터 지점에 있다. 이 홍련암은 의상대사가 본절인 낙산사를 창건하기에 앞서 관음보살의 진신을 친견한 장소이자 관음보살을 친견하기 위해 석굴 안에서 기도하던 바로 그곳으로서 낙산사의 모태가 된다는 점에서 의미가 있다.

관음보살을 친견하기 위하여 당시 신라의 서울인 경주에서부터 멀리 이곳까지 온 의상대사는 지금의 홍련암 부근에서 파랑새[靑鳥]를 만났는데, 새가 석굴 속으로 들어가므로 이상히 여겨 굴 앞에서 밤낮으로 7일 동안 기도를 했다. 이윽고 7일 후 바다 위에 붉은 연꽃, 곧 홍련이 솟아나더니 그 위에 관음보살이 나타나 드디어 친견할 수 있었다. 그리하여 이곳에 암자를 세우고 홍련암이라고 이름 짓고, 푸른 새가 사라진 굴을 관음굴觀音窟이라 불렀다고 한다.

그런데 가만히 보면 이 전설에는 파랑새와 붉은 연꽃이 중요한 모티브가 되고 있는 것을 알 수 있다. 왜 하필 '파랑' 새고 '붉은' 꽃일까? 나는 이것을 청색과 홍색의 절묘한 조화로 보고 있다. 방위로 말하면 청은 동쪽, 홍은 북쪽을 의미한다. 이것은 낙산사의 위치와 부합되고 있다. 또 청과 홍은 각각 음과 양을 상징하기도 하니, 그야말로 음양의 절묘한 조화이기도 하다. 우리나라의 사찰에 전해오는 설화를 이렇게 하나하나 따져가며 음미하면 그 속에 들어 있는 깊은 상징성과 의미를 맛볼 수 있다.

한편 홍련암 창건과 관련해서는 또 다른 설화도 있다. 의상대사가 관음보살의 진신을 친견한 자리에 대나무가 솟았는데, 그곳에 불전을 지으니 곧 홍련암이라고 했다는 것이다.

두 이야기 전부 의상대사가 지극한 정성으로 기도를 올려 관음보살을 친견했다는 내용에서는 일치하며, 부분적으로 파랑새·대나무·석굴 등이 첨가된 것이므로 결국 하나의 이야기로 보아도 무방할 듯하다.

2005년 화마 속에서도 화를 입지 않은 홍련암

홍련암의 역사

　홍련암의 연혁은 주로 『건봉사급건봉사말사사적』에 의거해 살펴볼 수 있다. 그 책에 따르면 의상대사의 창건 이후 조선시대에 들어와서 1619년(광해군 11)에 중건되었고, 1752년(영조 28)에 덕린德麟 스님이 중수했다. 이어서 1797년(정조 21)에 혜민惠旻 스님이 중건, 그리고 1869년(고종 6)에 의연義演 스님이 중건했으며, 1911년에 흥운興雲·청호晴湖 두 스님이 중수했다고 한다. 1869년의 중건은 1866년에 홍수로 무너졌기 때문이며, 1911년의 중수는 1908년(융희 2)에 절이 무너졌기 때문이다.

　연혁이 비교적 짧고 통일신라·고려시대의 연혁이 거의 전하지 않는 점이 아쉽지만, 남겨진 기록을 통해서나마 그런대로 낙산사와 더불어 꾸준히 법등을 이어왔음을 알 수 있다.

　한편 사적기는 아니지만 조선시대 초기 이곳을 여행한 문인의 기행문을 통해서도 홍련암 연혁의 일부를 확인해 볼 수 있다. 고려시대와 조선시대 초기의 명문장을 모아 놓은 『동문선』에 수록된 남효온의 「유금강산기」라는 글이 그것이다. 남효온은 동해의 해변을 거슬러 올라가 낙산·설악산 등을 지나 금강산까지 여행하면서 1474년(성종 5) 무렵에 「유금강산기」를 지었는데, 이 글 말미에 당시의 낙산사와 홍련암에 관한 내용이 있다. 그 가운데 홍련암에 관련된 부분을 옮겨 적으면 다음과 같다.

　낙산사 앞에 정자 하나가 있어서 바다에 면해 있고, 주위는 감나무 숲으로 둘러싸여 있다. 그리고 대나무 등이 산에 가득하다. 정자에 앉아 바다를 바라

홍련암 현판(경봉 스님 글씨)

본 다음 내려왔다. 언덕 밑을 지나서 큰 대나무 숲으로 갔다가 도로 나와서 부엌을 지나 계곡으로 내려갔다. 왼쪽으로 해서 암석을 거쳐 조그마한 대가지를 헤치고 반 마장쯤 가서, 이른바 관음굴이라는 곳에 당도했다. 그 안에는 자그마한 동불銅佛이 굴 아래 좁은 실내에 있어 바람과 햇볕을 가리지 못하고 있었다. 방 아래서는 파도가 들이쳐 돌을 때리고 있고 산의 형상은 마치 번쩍 치켜다 놓은 것 같아서 지붕의 판자가 다 울릴 정도다.

寺前有一亭臨海 柹林周匝 竹木徧山 余坐亭上望海 下亭歷坡下 至大竹林 還過廚舍下口谷 歷巖石披小竹 披將半里 至所謂觀音窟者 有小銅佛在窟下小室 不蔽風日 室下海濤激石 山形如掀 屋板長鳴

위의 기록을 통하여 조선시대 초기의 홍련암 사정을 어느 정도 짐작할 수 있다. 전각 없이 석굴 형태를 그대로 유지한 채 그 안에 불상을 봉안함으로써 의상대사 창건시의 모습을 유지하고 있었던 듯하다.

근래에는 일제강점기와 6.25전쟁 동안 몹시 퇴락했으나 1975년에 원철 스님이 중창하여 옛 모습이 복원되었다.

2005년 화재 때도 홍련암은 피해를 입지 않았으나, 홍련암 앞에 자리하고 있던 요사채가 소실되었다. 그러나 그 자리는 본래 인위적으로 계곡을 메워 세웠던 것으로, 2005년 화재 이후 주지 정념 스님이 홍련암 주변을 정비하면서 원래 모습대로 복원한 것이다.

한편 『건봉사급건봉사말사사적』에 보면, 홍련암 외에 부속암자로서 1697년(숙종 23)에 정수精粹 스님이 중창한 인월암印月庵이 있었으나 1920년대에 이미 없어졌다고 한다.

홍련암의 문화재

홍련암

전각이나 불상·불화 등에서 오래된 것은 없으나 홍련암 전체가 현재 강원도 문화재자료 제36호로 지정되어 있다. 전에는 동암 도봉東庵道峰 스님이 1962년에 중건한 봉향각奉香閣이 있었으나 지금은 없다.

홍련암은 앞면과 옆면 각 3칸씩인 겹처마 팔작지붕 건물로서 바닷가 암석굴巖石窟 위에 자리 잡고 있다. 이 전각은 법당 가운데쯤에 조그맣게 마루를 뚫어 놓아 그곳으로 출렁이는 바닷물을 실감나게 볼 수 있도록 만든 것이 특이하다.

절 근처 바닷가에는 보기 드문 석간수石澗水가 있는데, 이 샘은 원효 스님이 양양에 있는 영혈사의 샘물을 석장에 담아 끌어왔다는 설화가 전한다. 이 샘물은 지금은 보타전 앞으로 옮겨져 있다.

홍련암의 문화재라면 뭐니뭐니 해도 의상대사가 천룡으로부터 받았다는 수정염주와 여의보주일 것이다. 아마도 창건 이후부터 오랫동안 홍련암의 상징이었을 것이다. 고려 때 몽골군의 대 침략이 있었으니 그때도 화를 면하였다고 한다. 비록 낙산사와 홍련암은 커다란 피해를 입었지만 이 두 성보를 잃지 않았던 것은 관음보살의 힘이었을지 모른다. 그러나 결국은 나중에 원나라에게 징발당하고 말았으니 조상이 물려 준 보배를 제대로 지켜내지 못한 후손의 못남이 너무 안타까울 뿐이다.

이후 조선시대에 들어와 홍련암은 학열 스님이 크게 중창하였고,

이때 관음보살상도 새롭게 조성되었던 것 같다. 당시 상황을 알려 주는 자료로 앞서 말한 남효온의 「유금강산기」가 있는데, 이 기록을 통해 홍련암의 문화재를 알 수 있다. 마지막으로 남효온의 육성을 소개하며 이 글을 마친다. 『삼국유사』의 얘기를 토대로 지은 듯하지만, 거기에도 없는 이야기가 더러 나와 있으므로 읽어볼 만하다.

낙산사는 신라의 의상 스님이 지은 절로, 그 절의 승려가 전하는 사적은 이렇다. 의상이 직접 관세음보살을 해변 굴속에서 만나니 해수관음이 친히 보주를 주고, 용왕이 또 여의주를 바치기에 의상은 두 개의 구슬을 받았다. 이에 절을 짓고 전단토를 가져다 손수 관음상을 만들었다. 지금 바닷가에 있는 조그마한 굴이 바로 관음이 머무는 곳이요, 뜰 가운데 석탑이 바로 두 구슬을 수장한 탑이요, 진흙으로 빚은 관음상은 바로 의상이 손수 만든 것이라 한다.

무자년(1468, 세조 14)에 학열이라는 요승妖僧이 나라에 아뢰어 큰 법당을 짓는 등 낙산사를 중건하였다. 지금 학열이 죽은 지 1년인데 그 사제 지생智生이 노비와 전답, 기타의 재물들을 관리하고 있다.…나는 절 입구로 갔다. 운산雲山이 승려 계천繼千과 함께 나를 맞이한다. 절에 도착하니 지생이 마중 나와 객관에서 기다리고 있었다. 다음날 날이 화창하여 나는 정자에 올라 앉아 해 뜨는 것을 구경하였다. 지생이 아침공양을 대접한 다음 나를 인도하여 관음전을 가보았다. 이른바 관음상은 제작한 기술이 극히 정밀하고 교묘하여 마치 영혼이 들어 있는 듯하다. 관음전 앞에 정취전이 있고 그 안에는 금불상 셋이 있다.

洛山者 新羅僧義相所創 寺僧傳其事蹟云 相見觀音親身於海邊窟中 觀音親

홍련암(2007년 홍련암 주변 정비 후의 모습)

授寶珠 龍王又獻如意珠 相受二珠 於是創寺 取旃檀土 手作觀音像 今之海邊小窟 乃其觀音所住也 庭中石塔 乃藏二珠㙮也 觀音塑像 乃其相手作者也 戊子年間 有妖僧學悅建白 於寺基作大伽藍 自居其中 盡取傍民田以爲己業 今學悅死一年矣 其徒智生 嘗口於學悅 悅死而盡得奴婢田貨管其利…余下至洞口 雲山與僧繼千來迎我 至寺 智生出迎館待 甲午平明 余坐亭上望出日 智生饋朝飯 引余見觀音殿 所謂觀音像 技極精巧 若有精神焉 殿前有正趣殿 殿中有金佛三軀

이 글에서 몇 가지 흥미로운 사실을 발견할 수 있다. 우선 원통보전 앞에 있는 칠층석탑이 불사리가 아니라 전설 속에 전하는, 의상 스님이 관음보살을 친견하면서 받은 수정염주와 천룡팔부에게 받았다는 여의보주를 봉안하였다는 부분이다. 우리는 앞서 이 수정염주와 여의보주가 어느 순간부터 사라졌는데, 아마도 원나라 왕후에게 헌납된 것으로 추정하였다. 하지만 남효온의 말대로라면 없어진 것이 아니라 적어도 당시까지 잘 보관되어 있었다는 말이 된다.

그 다음에 의상 스님이 손수 흙으로 관음상을 만들었다는 것은 비록 남효온도 절에서 들은 얘기를 한 것이겠지만, 사실이 아닐 것이다. 예나 지금이나 불상은 그것을 만드는 작가가 따로 있었지, 절을 창건한 스님이 직접 만들지는 않는다. 신라 말 고려 초에 가장 인상적인 활동을 폈던 도선道詵국사처럼 다른 곳에서도 더러 유명 스님이 불상이나 불탑을 만들었다는 얘기가 전하는데 그 역시 좀 더 신비롭게 꾸미기 위해 나온 말일 뿐, 불상의 제작은 어디까지나 장인匠人의 몫이었다는 것을 알아둘 필요가 있다.

낙산사 중창에 커다란 공을 세웠던 학열 스님을 '요승'이라고 표현한 대목도 그냥 지나치지 못하게 한다. 학열은 불교사에서 볼 때 분명 공적이 많은 스님으로 평가되고 있다. 특히 세조의 신임을 돈독히 받아서 세조 연간에 많은 활동을 하였다. 하지만 세조 승하 후 곧바로 유학자들에 의해 극렬한 비판을 받아야 했는데, 학열 스님의 그 뒤 행적이 전하지 않는 것도 이와 무관하지 않을 것 같다. 남효온이 이 글을 쓴 때가 1485년(성종 16)인데 적어도 이 당시에는 학열 스님에 대한 평가가 이러했던 모양이다. 따라서 남효온이 학열 스님을 요승이라고 표현한 것은 어디까지나 당시 편협했던 유학자들의 시각이지 보편적인 평가는 전혀 아니다. 하지만 이 글에서도 소득은 있다. 지금까지 학계에서는 학열 스님의 활동 시기가 세조 대라는 것만 알 뿐 정확한 생몰년대는 모르고 있었다. 그래서 어느 사전이나 다 '생몰년 미상'으로 적어놓고 있다. 그런데 남효온의 글 가운데, '지금 학열이 죽은 지 1년인데'라는 구절이 있어서 1484년에 죽은 것임을 알 수 있게 된 것이다. 이제부터 학계에서도 이 1484년도를 학열 스님의 이력에 꼭 반영하였으면 한다.

2007년 원통보전 낙성식

낙산사의 옛기록

이 장의 내용은 한국고전번역원 홈페이지(www.itkc.or.kr)에서 발췌한 것입니다.

『성소부부고惺所覆瓿藁』 제1권

허균*

가는 길에 낙산을 바라보다

향로봉 흩어져서 족운반이 지어지니 / 香鑪散作簇雲盤
푸른 빛 쌓인 사이 채색 우리 노상 밝네 / 彩暈長明積翠間
낙산사를 물어라 하룻밤 묵자 하니 / 欲問洛迦禪寺宿
길 가는 사람 멀리 오봉산을 가리키네 / 行人遙指五峯山

道中望洛山

香鑪散作簇雲盤 彩暈長明積翠間 欲問洛迦禪寺宿 行人遙指五峯山

낙산사洛山寺에 묵다

오봉사를 두 번째 찾아왔는데 / 重尋五峯寺
풍경은 지난해와 틀림이 없네 / 風景似前年
대숲 길은 오가는 발길 통하고 / 竹逕通秋屧
화대엔 저녁 연기 일어나누나 / 花臺起夕煙
스님들이 나오셔서 환영하는데 / 歡迎羅衆衲
멋진 놀이 제천을 밟아오르네 / 勝踐躡諸天
이미 무생인을 깨달았으니 / 已悟無生忍

---

*허균(許筠, 1569~1618). 시문에 뛰어나 소설 『홍길동전洪吉童傳』을 비롯하여 『교산시화蛟山詩話』, 『성소부부고惺所覆瓿藁』, 『성수시화惺叟詩話』, 『학산초담鶴山樵談』, 『한정록閑情錄』 등 많은 작품을 남겼다.

속된 인연 멀어져 조촐도 하지 / 蕭然淨俗緣

宿洛山寺

重尋五峯寺 風景似前年 竹逕通秋履 花臺起夕煙 歡迎羅衆衲 勝踐躡諸天 已悟無生思 蕭然淨俗緣

『성소부부고惺所覆瓿藁』 제2권 교산억기시

낙산기유증암노석(洛山記遊贈嵒老釋)

설악산 높아높아 창공에 꽂혔으니 / 雪嶽之山高揷空
일만 옥이 다투어 푸른 놀에 솟았구려 / 萬玉爭聳青霞中
한줄기 꿈틀거려 오봉을 지어내니 / 蜿蜒一脈作五峯
바다 위에 금부용이 우뚝이 빼어났네 / 海上秀出金芙蓉
영도는 암암리에 보타와 어울려라 / 靈圖暗與寶陀合
유궁은 예부터 원통이 장엄하이 / 幽窟自古莊圓通
용천팔부들이 법종을 베푸니 / 龍天八部設法從
백호白毫는 빛을 내쳐 동쪽 바다 비추네 / 白毫光照滄溟東
금산의 장로는 부처님의 후신이라 / 金山丈老佛後身
석장 짚고 여기 와서 이궁을 얻었다네 / 一錫來瞰得異宮

백의의 대사가 진상으로 나타나서 / 白衣大士現眞相

마니 구슬 내려주어 묵은 업장業障 없앴다오 / 投下摩尼除宿障

전단이 옥을 바쳐 대가 땅에 솟아나니 / 旃檀貢玉竹湧地

경각 사이 화궁이 구름 밖에 세워졌네 / 頃刻花宮雲外創

채색 노을 창에 비쳐 벽에 어린 붉은 색깔 / 彩霞射牖丹寫壁

나는 듯 솟은 누각 빽빽이 마주보네 / 飛樓聳閣森相向

일곱 겹의 구슬발이 주전을 가리웠고 / 七重珠網鎭珠殿

밝은 햇빛 금방을 널리 비추고 / 三足金烏翕金牓

향화에 정근한 지 자그마치 천 년이라 / 精勤香火一千年

장엄한 그 공덕 진실로 끝이 없네 / 功德莊嚴信無量

어느 해에 임금께서 자해를 순행했나 / 何年淸蹕慈海巡

암자마다 연이어 채장을 옮기었네 / 暑寶聯編獜彩仗

임금께서 만월의 용모를 알아보니 / 重瞳親識滿月容

법뢰는 소리 흘려 공악이 울렸어라 / 法雷流音空樂響

새는 꽃비 머금어 천의에 떨어지고 / 鳥銜花雨墮天衣

용은 향운을 뱉어 어장을 감쌌다오 / 龍吐香雲籠御帳

그 향운 그 꽃비가 공중으로 사라지니 / 香雲花雨入空去

임금 행차 아득아득 물을 곳 없네그려 / 縹緲宸遊問無處

산문의 성사가 이보다 더할쏜가 / 山門盛事此最雄

노승들 이야기 지금도 들려주네 / 只今猶聞老僧語

내가 온 때 바야흐로 팔월달 맑은 가을 / 我來正値淸秋節

죽장에 짚신 신고 숲 속을 걸어가니 / 竹杖芒鞋步林樾

바다에 부는 천풍 산악을 뒤흔들어 / 天風吹海動雲根

바라보니 놀란 파도 불골에 침노하네 / 笑看驚濤侵佛骨

이화정 가에서 달 뜨기를 기다리니 / 梨花亭畔待初月

옥바퀴 돌아돌아 하늘로 떠오르네 / 玉輪輾出琉璃滑

계수나무 그림자 금계를 뒤덮으니 / 桂影婆娑遍金界

일천 바위 변하여 구슬 굴이 되는구만 / 千巖變作瓊瑤窟

선들선들 마치도 바람탄 열자인 듯 / 冷然似馭列子風

황학의 등에 올라 부구를 붙들고자 / 欲挹浮丘跨黃鶴

함께 간 풍류승이 티끌 생각 벗어나니 / 同遊韻釋出塵想

총채를 휘두르며 선 이야기 싫지 않아 / 揮麈談禪也不惡

법라의 혀끝으로 인천을 다 흔드니 / 人天掉盡法螺舌

부생이란 주착이 없다는 걸 깨달았네 / 頓覺浮生無住著

사리가 재촉하여 오경종을 두들기니 / 闍梨催打五更鍾

새벽녘 동쪽 방에 비단발을 걷는구나 / 曉上東房寒綉箔

둘러싼 향기 구름 양곡을 가렸는데 / 繚繞香雲掩暘谷

고래가 화주 끌고 푸른 하늘 날아가네 / 鯨引火珠騰碧落

문을 닫고 향 피우니 일 만 생각 맑아져서 / 焚香閉閤萬慮清

부처님 설법하신 미타경을 다 읽었네 / 讀盡佛說彌陀經

미진을 건너갈 보벌도 빌렸어라 / 迷津已借寶筏渡

각로에서 다시 또 금승을 찾아가네 / 覺路更覓金繩行

이 몸은 황홀하게 극락 땅에 와 있는데 / 恍然身在極樂土

묘오에 어찌 꼭 명성을 봐야 하나 / 妙悟何必看明星

내 한평생 발걸음 모두 길을 잃었는데 / 平生投足摠失路

무슨 일로 하늘이 이 구경 막지 않지 / 何事兹遊天不阻

원컨대 이 몸을 유마에 기탁하여 / 願將身世寄維摩

우리 스님 짝을 삼아 부처님께 참여하리 / 長伴吾師參佛祖

언젠간 벼슬 놓고 행각을 머물리니 / 投簪他日住行脚

청련의 한 탑자릴 나에게 허해주오 / 一榻容我青蓮宇

용천팔부龍天八部 : 불법을 지키는 여덟 신장神將. 곧 천天·용龍·야차夜叉·건달바乾達婆·아수라阿修羅·가루라迦樓羅·긴나라緊那羅·마후라가摩睺羅迦.

『가정집稼亭集』제5권 동유기東遊記

이곡*

초닷샛날에 고성高城에서 묵어 거기에서 하루를 머물렀다. 초이렛날에 주인이 선유담仙遊潭 위에서 작은 술자리를 베풀었다. 청간역淸澗驛을 지나 만경대萬景臺에 올라가서 약간 술을 마시고 인각촌仁覺村의 민가에 묵었다. 초여드렛날에 영랑호永郎湖에 배를 띄웠다. 날이 기울어서 끝까지 돌아보지 못하고, 낙산사洛山寺에 가서 백의대사(白衣大士 : 관세음보살)를 참알參謁하였다. 사람들의 말에 의하면, 관음보살이 이곳에 머문다고 하는데, 산 아래 석벽에 있는 동굴이 바로 관음보살이 들어가서 머무는 곳이란다. 저녁 늦게 양주襄州에 도착해서 묵었다. 그 다음날은 중구일重九日인데, 또 비가 와서 누대 위에서 국화술을 들었다.

* 이곡(李穀, 1298~1351). 호 가정稼亭, 시호 문효文孝. 이제현과 함께 『편년강목編年綱目』을 증수增修했고 고려왕조 실록 편찬에도 참여했다. 그의 작품 「죽부인전竹夫人傳」이 『동문선』에 전하며, 문집에 『가정집』이 있다.

10일에 동산현洞山縣에서 유숙하였는데, 그곳에 관란정觀瀾亭이 있었다. 11일에 연곡현連谷縣에서 묵었다.

初五日 宿高城留一日 初七日 主人小酌仙遊潭上 過淸澗驛 登萬景臺 小酌 宿仁覺村舍 初八日 泛舟永郞湖 日晚不得窮源 到洛山寺謁白衣大士 人言觀音菩薩所住 山下石崖有竇 是觀音所入處也 晚至襄州宿 明日重九 又有雨擧菊觴於樓上 十日 宿洞山縣 有觀瀾亭 十一日 宿連谷縣

『간이집簡易集』 제8권 동군록東郡錄

최립*

낙산사洛山寺에서 즉흥으로 읊다.

누각의 바다 해 기막히단 말은 전에 들었다만 / 樓觀海日昔聞奇
중추의 둥근달 보려면 일 년을 꼬박 기다려야 / 月得中秋一歲期
바로 이때 이곳에서 모진 비를 만나다니 / 此地此時逢苦雨
나의 영동 시를 천공이 방해를 하려나봐 / 天公停我嶺東詩

洛山寺卽事

樓觀海日昔聞奇 月得中秋一歲期 此地此時逢苦雨 天公停我嶺東詩

＊최립(崔岦, 1539∼1612). 호 간이簡易·동고東皐. 문장이 뛰어나 송도삼절公都三絶이라 불렸으며, 저서에 『간이집簡易集』, 『한사열전초漢史列傳抄』 등이 있다.

『고려사절요』 제6권 헌종 공상대왕獻宗恭殤大王 을해 원년(1095)

송 나라 상인 황충黃沖 등 31명이 자은종慈恩宗 중 혜진惠珍과 함께 왔으므로, 근신에게 맞이하여 보제사(普濟寺, 개성)에 머물도록 명하였다. 혜진이 항상 말하기를, "보타락산普陁落山 성굴(聖窟, 강원도 양양 낙산사의 관음굴)을 보고자 하여 왔다." 하며, 가서 보기를 청하는 것이었으나, 윤허하지 않았다.

宋商, 黃沖等三十一人, 與慈恩宗僧惠珍, 來, 命近臣, 迎置于普濟寺, 珍, 常曰, 爲欲見普陁落山聖窟而來, 請往觀之, 不許

『고려사절요』 제19권 원종 순효대왕 2元宗順孝大王二 계유 14년 (1273)

3월에 마강馬絳이 돌아갔는데 대장군 송분宋玢과 동행하여 가게 하였다. 원나라 황후가 일찍이 낙산사의 여의주 보기를 원하였으므로 분玢을 시켜 드리게 하였다.

三月, 馬絳, 還, 以大將軍宋玢, 伴行, 皇后, 嘗求見洛山寺如意珠, 使玢獻之

『고려사절요』 제19권 충렬왕 1忠烈王一 을해 원년(1275)

9월에 왕이 낙산사洛山寺에 행차하니 낙산사는 신돈의 원찰願刹이다. 측근의 신하가 다투어 왕에게 아뢰기를, "금년에는 대풍이 들었습니다." 하니, 왕이 부처 앞에 꿇어앉아 말하기를, "제가 나라를 다스린 지 15년이 되었으나 수재·한재가 많았는데, 금년의 풍작은 실로 첨의僉議가 음양을 고르게 다스린 데 연유한 것입니다." 하였다. 왕이 신돈을 공경하여 첨의라 일컫고 이름을 부르지 않았다. 신돈은 낙산사의 관음보살觀音菩薩이 영이하다 하므로 오일악吳一鶚을 시켜 비밀리에 저의 축원문祝願文을 쓰게 했는데, 그 원장에, "제자(弟子, 신돈 자신을 말함)의 분신 모니노牟尼奴가 복이 많고 장수하여 나라에 머물러 살도록 해 주십시오." 하였다. 모니노는 신돈의 비첩 반야般若 소생이니 우禑이다. 혹자는 말하기를, "처음에 신돈이 사비私婢 반야를 맞아들여 임신시켜서, 반승伴僧 능우能祐에게 부탁하여 능우의 어머니 집에 가서 아이를 낳게 했다. 7일 만에 반야는 돌아오고 능우의 어미가 아이를 거두어 길렀는데 만 1년이 되지 않아서 아이가 죽었다. 능우의 어미는 신돈에게 꾸지람을 받을까 두려워서 다른 사람의 아이를 훔쳐와서 다른 곳에 두고, 신돈에게 청하기를, '아이가 병이 있으므로 성 밖으로 옮겨서 기르려고 하는데 어떻겠습니까.' 하니, 신돈이 이를 허락하였다. 1년이 되어 신돈이 아이를 데려다가 집에서 길렀으나, 반야도 제 아이가 아닌 줄은 알지 못하였다. 왕이 항상 대 이을 아들을 구하여 양자를 세우려고 했는데, 어느 날 미행하여 신돈의 집에 가니, 신돈이 그 아이를 가리키면서 아뢰기를, '전하께서는 양자를 삼아 뒤를 잇게 하소서.'라고 하였다. 왕이 곁으로 보고 웃으면서 답하지 않았어도 오히려 내심 이를 허락하였다." 한다.

九月, 幸洛山寺, 辛旽願刹也, 左右爭言於王曰, 今歲大稔, 王, 跪于佛曰, 自不穀莅國, 十有五年, 水旱爲災, 今歲之稔, 實由僉議之爕理也, 王敬旽, 稱僉議而不名, 旽, 以洛山觀音靈異, 令吳一鶚, 密書願狀曰, 願令弟子分身牟尼奴, 福壽住國, 牟尼奴, 旽, 婢妾般若所生, 是爲禑, 或云, 初, 旽, 納私婢般若, 有娠, 屬伴僧能祐, 使就產於其母家, 七日而般若還, 能祐母, 收而養之, 未期年, 其兒死, 能祐, 恐被旽讓, 竊取他人兒, 置諸他所, 請於旽曰, 兒有疾, 移養城外, 何如, 旽許之, 比及一年, 旽取養于家, 般若, 亦未知非其兒也, 王, 常求嗣, 謀所以立後, 一日, 微行至旽第, 旽, 指其兒曰, 願殿下, 爲養子以立後, 王睨而笑之不答, 然, 猶心許之

『고려사절요』 제34권 공양왕 1恭讓王一 경오 2년(1390)

내시內侍를 보내어 연복사演福寺·낙산사洛山寺·왕륜사王輪寺 등의 절에 재齋를 베풀었다.

사신 진자성陳子誠 이 말하기를, "왕이 즉위한 이후로 신령과 부처에 아첨하여 섬기기를 거의 거르는 달이 없으므로, 대신과 대간이 매양 시비를 늘어놓고 논하였으나, 왕의 마음이 이미 미혹되어 이를 풀 수 없게 되었다. 아아, 태백성이 낮에 나타나고, 강물의 빛이 붉고 끓어오르며, 일식·월식이 있고, 천둥과 번개가 때 아닌 데 쳤으니, 하늘의 견고譴告가 지극하였으며 사람의 근심과 의심도 심하였다. 진실로 마땅히 삼가고 덕을 닦아서 정사를 고쳐 다스려야 될 것인데, 이 일은 버려두고 하지 않으면서 한갓 신령과 부처의 힘만 빌려서 그 나라를 보전하고 그 지위를 편히 하고자 하였으니, 어찌 미혹됨이 심하지 않는 것이랴." 하였다

　공전과 사전의 문서를 저자거리에서 불살랐는데 불길이 며칠 동안이나 꺼지지 않으니, 왕이 탄식하고 눈물을 흘리면서, "조종의 사전법이 과인의 대에 이르러 갑자기 개혁되니 애석한 일이다." 하였다.

　遣內侍, 設齋于演福, 洛山, 王輪等寺

　史臣陳子誠曰, 王自卽位以來, 諂事神佛, 殆無虛月, 大臣臺諫, 每以論列, 王心已惑, 不可解矣, 嗚呼, 太白晝見, 江水赤沸, 日月薄食, 雷電失時, 天之譴告至矣, 人之虞疑甚矣, 誠宜側身修德, 改紀其政, 釋此不爲, 而徒欲借佛神之力, 以保其國, 以安其位, 豈不惑之甚哉

　焚公私田籍于市街, 火數日不滅, 王, 嘆息流涕曰, 祖宗私田之法, 至于寡人之身而遽革, 惜哉

『담헌서湛軒書』 부록附錄

홍대용*

　내가 소시에는 덕보와 서로 알지 못했는데, 경인년(영조46, 1770)에 풍악산楓岳山에서 만나 산과 바다를 주유周遊하면서 그와 침식 언담을 같이하며 서로 함께 지냈다. 돌이켜 보건대, 그는 본의 아니게 억지로 '예예' 하는 일이 없고, 자기의 뜻을 보이되 거슬리는 일이 없었다. 이로부터는 유람이 있을 때마다 두 사람은 꼭 함께 다녔다. 갑오년(영조 50, 1774) 봄에 나와 함께 동으로 바다에 나갔다가 양양襄陽의 낙산사洛山寺에 이른 일이 있었다. 바다와 하늘이 서로 맞붙고 저녁 달의 달빛이 물에 흐르는데 덕보가 거문고를 끌어당겨 몇 곡조 타니, 홀연히 서울에서 관리가 내려와 절간의 문을 두드리면서 덕보를 선공감 감역繕工監監役에 제수한다는 글을 내어놓았다. 그리하여 덕보는 그 이튿날 먼저 돌아갔으니, 그 후 10년간 내외 관직을 역임하면서 나와 함께 전일과 같이 서로 종유從遊하지 못했다. 그러나 때로 혹 만나 교산郊山에 모여 유련留連하면서 즐겁게 지내기도 하였다.

　余少與德保不相識 歲庚寅 相遇楓岳中 周遊山海間 寢食言譚不相捨 顧不強爲唯諾 而觀其意無所忤 自是凡有遊覽 二人必偕 甲午春 與余東出海上 至襄陽洛山寺 海天相拍 夕月流光 德保援琴彈數調 忽有京曹隷 扣禪扉致除書 以德保爲繕工監監役 明日德保先歸 十年間踐歷內外官 不得與余相從遊如前日 然時或邀會郊山 留連歡暢

---

*홍대용(洪大容, 1731~1783). 호는 담헌湛軒·홍지弘之. 북학파北學派의 선구자이며 저서로는 『담헌서湛軒書』를 비롯하여 편서編書에 『건정필담乾淨筆談』, 『담헌연기湛軒燕記』, 『삼경문변三經問辨』 등이 있다.

『동국이상국집東國李相國文集』 제25권 잡저雜著

이규보*

낙산사洛山寺에 있는 관음보살의 복장腹藏을 보수한 데 대한 문文 병송幷頌 최상국崔相國을 대신해서 지었다. 최상국은 지금의 진양후晉陽侯다.

운운. 동해 가 낙산 위에 한 승지勝地가 있는데 청정하여 티끌 한 점 없으니, 수월(水月, 물속에 비친 달)의 청수한 실상이 이곳에 의탁하였다. 아, 저 완악한 오랑캐는 무지막심하도다. 그들이 횡행하며 노략질할 적에 심지어 절의 불상까지도 훼손을 입지 않은 것이 없었으며, 우리 대성大聖의 존구尊軀도 또한 그러하여 비록 형체는 겨우 보존되었으나 복중腹中의 진장珍藏은 모두 수탈당하거나 흩어져서 텅 비었다.

지인至人의 경계는 본래 영허盈虛·소식消息의 이치가 없는데, 금강金剛의 진체眞體에 어찌 훼멸이 있겠는가? 그러나 범부凡夫의 보는 바에 있어서는 어찌 상심이 되지 않으랴? 하물며 제자弟子로서는 경앙하는 마음이 전부터 간절하였었는데, 이제 복중의 진장이 분산되었다는 사실을 듣고 남보다 배나 가슴 아프게 여기고 동시에 용감히 보수하지 않을 수 있겠는가? 이에 전일의 소장된 것을 참작하여 삼가 심원경心圓鏡 2개와 오향五香·오약五藥·색사色絲·금낭錦囊 등 여러 가지 물건을 갖추어 복중을 채워서 완전히 복구하여 예전 것과 손색이 없게 하였으니, 바라던 바에 무슨 문제될 게 있겠는가. 운운.

제자는 머리를 조아리고 이마를 두드리며 이어 단송短頌으로 다음과

*이규보(李奎報, 1168~1241). 고려시대를 풍미한 명문장가이자 재상으로 호는 백운거사白雲居士이다. 저서에 『동국이상국집東國李相國集』, 『백운소설白雲小說』, 『국선생전麴先生傳』 등이 있다.

같이 찬贊한다.

마침내 헐어버리지 못할 것은 / 究竟不毀

금강의 진신이다 / 金剛眞身

그 밖의 상설이야 / 外之像設

이루고 허는 일 사람이 하거늘 / 成毀由人

사람이 똑같지 않을진대 / 人非一類

공경하거나 업신여기나니 / 或敬或侮

저들은 업신여겨 손상하고 / 彼侮而殘

나는 공경하여 보수하네 / 我敬而補

저 이지러진 달과 같아 / 如月斯缺

얼마 안 가서 다시 둥글었다. / 未幾復全

모든 사녀들은 / 凡百士女

일심으로 돌아가 공경하라 / 一心歸處

洛山觀音腹藏修補文 幷頌 代崔相國行 今晉陽侯也

云云 洪惟東海之濱洛山之上 有一勝境 淸淨無塵 水月晬相 於是乎寄焉 嗟乎 憬彼頑戎 無知莫甚 方其橫行寇掠也 至於佛宇梵相 無不被其殘毀者 我大聖尊軀亦爾 雖形體僅存 而腹中之珍藏 盡爲搜露散頓 枵然其空矣 且至人境界 本絶盈虛消息之理 則金剛眞體 寧且有毀滅耶 然在凡夫所觀 得不愴然傷心哉 況如弟子者 仰止之心 自昔滋切 乃今聞腹藏潰散之事 能不倍痛於人 而勇爲之補理耶 是用挨舊所藏 謹備心圓鏡二

事及五香五藥色絲錦囊等衆緣 以充其服 完而復之 與昔無損 庸何傷乎 所願者云云 弟子頓首扣顙 仍以短公頌贊之云

究竟不毀 金剛眞身 外之像設 成毀由人 人非一類 或敬或侮 彼侮而殘 我敬而補 如月斯缺 未幾復全 凡百士女 一心歸虔

『동국이상국집東國李相國文集』 제36권 묘지墓誌·뇌서誄書

공이 일찍이 선군사選軍使로 군정을 시행할 적에, 창사 위에 기울어진 기둥이 저절로 일어서므로 모두들 이상한 일이라고 떠들었는데, 이는 공의 공평무사에서 얻어진 일이다. 관동 지방에 장수가 되어 갔을 때에는 낙산사洛山寺에 이르러 관음보살에게 예하였는데 두 마리의 푸른 새가 꽃을 물어다 옷 위에 떨어뜨렸으며, 또 한 움큼쯤의 바닷물이 솟아올라 그의 이마를 적셨다. 세상에서 전하는 말이 '이곳에 푸른 새가 있는데 부처에게 예하는 자로서 그만한 사람이 아니면 보이지 않는다.' 하니, 이는 공의 두터운 덕과 지극한 미더움에서 그렇게 된 것이다.

公常以選軍使聽軍政 其廳事上欹柱自立 時諠傳以爲異事 此公之公平無私所感也 其卽帥關東也 到洛山禮觀音 俄有二靑鳥含花落衣上 又海水一掬許 湧灌其項 世傳此地有靑鳥 凡謁聖者非其人則不見 此公之惇

德至信所致然也

『동경유록東京遊錄』 낙산사장洛山寺章

박종(朴琮, 1735~1793)

　寺在襄陽府北十里 山自雪嶽分支 而來到海而止 負北面南突然爲麓 而寺以基之龍虎襟袍 亦奇路 入于蒼松 古木之間 忽見虹霓 有門入門 數十步歷累層石級有三門(下脫曹溪天王) 門內有正趣之殿 安觀音大佛 殿 後墻垣翼翼階級井井 而傑然 爲閣者圓通寶殿 安大佛二小佛二 庭畔 有九層石塔 左應眞殿 安一釋迦二菩提十六羅漢二使者佛 右龍船殿 安 御牌 此皆供殿 而怪偉壯麗 圓通殿爲最堂之在墻外者 左四右三堂 各有 名此皆僧房 而房內各安小佛 般若門之左右 有賓日送月兩寮 此則待往 來使客 而東寮之軒揭 肅廟御製詩 護以紅紗 有澤堂簡易詩 憑軒萬里滄 溟 都入眼界 日月出皆宜於觀 寺東二里 有寶陁窟 臨海壁坼 窟深千丈 立短長柱於石角 跨窟而樓安觀音佛 海波撞壁衝入窟中 驚天動地 勢若 雷霆 而樓浮其上 飛沫灑窓俯之凜然 可畏 傍有小菴 一僧守之六時供佛 不與人接 只吃松茶與之 語雖不識經 法而神淸眼明 有禪定氣 敏叔索飮 松茶大藥 勤余飮 爽若骨淸 按寺記新羅義相祖師 齋七日受觀音念珠一 顆 東海龍王如意一顆 齋二七日 見觀音眞身於窟中 謂雙竹湧出處 是佛 地殿 我以供之 如其言 今圓通殿之基是也 階下種竹 以識之 塔中藏二 珠云 噫 佛家 以山河大地 爲幻妄 其所謂眞身者 又安知非幻妄而況 鑄

土鏤金 假七尺之軀哉 然則觀音之指佛地 義相之刱寺殿 亦不能充其道矣 其可笑也已

　　낙산사는 양양부襄陽府 북쪽 10리에 위치하고 있다. 산은 설악산에서 갈린 지맥이 내려오다 바다에 이르러 멈춘 곳에 있다. 북쪽으로 등을 지고 남쪽을 향하여 돌연히 산록을 이루고 있는데 여기에 절이 터를 잡고 있다. 용과 호랑이가 도포자락을 감싸고 있는 듯하니 역시 기이하다.
　　길을 따라서 푸른 소나무와 고목 사이로 들어가면 홍예문을 만나게 되며 문 안으로 수십 보 들어가면 세 문(해탈문, 조계문, 천왕문)이 있다.
　　문 안에 들어가면 정취전이 있으니 여기에는 관음대불을 모셨으며, 그 뒤로 담이 둘러져 있고 층층 계단이 높게 들어서 있는 전각이 원통보전이니 여기에는 큰 부처님 두 분과 작은 부처님 두 분이 계시다. 9층 석탑이 있는 뜰의 왼쪽에 응진전이 있으니 여기에는 석가부처님과 좌우로 보살 두 분, 나한 열여섯 위, 두 사자불을 모셨다. 뜰의 오른쪽에는 용선전이 있는데 여기에는 어패를 봉안하였다. 이는 다 공전供殿으로 매우 장엄하며, 화려하기로는 원통전이 으뜸이다.
　　당은 담 밖으로 왼편에 넷, 오른편에 셋이 있는데 각자 이름이 있다. 이들은 모두 승방으로 방 안에 각기 작은 부처님을 모셨다.
　　그리고 반야문 좌우에는 빈일, 송월이라는 두 채의 승방이 있는데 이는 오가는 빈객들을 접대하는 곳이다.
　　동쪽 승방에는 숙종의 어제시가 붉은 비단에 덮여 있으며 택당澤堂과 간이簡易의 시도 있다. 난간에 의지하여 밖을 내다보면 만 리 창해가 모두 한눈에 들어오며, 해와 달이 떠오르는 모습도 구경할 수 있다.

절에서 동쪽으로 7리 떨어진 바닷가에 보타굴이 있다. 석벽이 파여 생긴 굴인데 깊이가 천 길이나 되는 듯 까마득하다. 짧고 긴 기둥을 석면에 세워 지은 누각이 굴을 가로질러 있는데 거기에 관음상을 모셨다.

바다의 파도가 석벽을 치고 굴속으로 밀려드니 우레와 같은 소리가 하늘과 땅을 뒤흔드는 듯하다. 누각은 그 위에 떠 있으되 물보라가 솟구쳐 창에 흩뿌리니 굽어보면 몸서리가 쳐진다.

곁에는 작은 암자 하나가 있고 스님 한 사람이 지키는데 하루 여섯 때 공양을 할 뿐 다른 이들과는 만나지 않고 다만 송차松茶를 마실 따름이다. 그와 이야기해 보니 비록 불경과 불법에는 정통하지 않으나 정신이 맑고 눈이 밝아 선에 깊이 든 듯하다. 동행한 민숙敏叔이 송차를 청하여 마시고 나에게도 권하기에 마셔보니 상쾌하기가 뼛속까지 맑아지는 듯하였다.

낙산사의 기록을 살펴보니 신라의 의상조사가 재齋를 올린 지 일주일 만에 관음보살의 염주 한 과, 동해용왕의 여의주 한 과를 받고 또 재를 올려 27일 만에 관음보살의 진신을 굴속에서 보았는데 "쌍죽雙竹이 솟아나오는 자리가 부처님의 땅이니 그곳에 전당을 짓고 나를 공양하라."고 하였다. 그래서 그와 같이 하였는데 지금의 원통전 터가 그곳이며 터 아래 대나무를 심어 이를 표지하고 뜰의 석탑 속에 염주와 여의주를 봉안하였다 한다.

『동문선東文選』 제27권 제고制誥

문하. 법은 스스로 서지 못하고 말로 인하여 서므로 진승眞乘은 진언眞言을 총섭總攝하고, 덕은 일정한 스승이 없고 착한 것을 주장하는 것이 스승이 되므로, 큰 호號는 마땅히 크게 착한 이에게 가하여야 하는 것이다.

낙산사洛山寺 주지住持 선사禪師 조유祖猷는 자신이 가지고 있는 삼매三昧의 힘으로써 일체의 마귀를 제압할 수 있었다. 진양공晉陽公이 수십 일 동안 병을 앓고 있을 적에, 천 리 밖의 낙가산洛伽山으로부터 갑자기 와서 용주龍呪를 외웠는데, 바리때 밑에 막 금강저金剛杵의 소리를 드날리자, 술잔 가운데에 비친 뱀이 곧 각궁角弓의 그림자인 것을 깨달았다. 이에 상쾌하고 화평한 기운이 빨리 돌아와 우뚝하게 태산이 다시 편안한 것 같았다. 나만이 아름답게 여기는 것이 아니라, 온 나라 사람들이 모두 기뻐하였다. 이에 봉조鳳詔를 반포하여 특별히 큰 칭호를 준다.

아, 우리 여래如來를 제호醍醐라 이르나니 이것이 최상의 법장法藏이 되는 것인데, 어찌 선왕先王이 용상龍象에게 품계를 내릴 적에 선사禪師에게 큰 대大자를 더하지 않았던가. 작위는 반드시 사람을 기다리므로 등급을 초월하는 상을 내리노니, 마땅히 특별히 보살펴 주는 뜻을 체득하여 더욱 국가의 복리를 부지런히 하라.

門下 法不自立因言而立 眞乘惣攝於眞言 德無 常師主善爲師 大號宜加於大善 洛山寺住持禪 師祖猷 以頌持三昧力 能攝伏一切魔 當晉陽公累旬而未寧 自洛伽山千里而忽至 呪龍鉢下 才 揚金杵之音 映蛇盂中

旋覺角弓之影 灑然和氣 之遄集 屹若泰山之復安 非朕獨嘉 擧國咸喜 茲 頒鳳詔 特賜鴻稱 於戲 我如來謂之醍醐 是爲最 勝之法藏 何先王秩 其龍象 例不加大於禪師 位 必待人 賞以不次 當體殊尤之眷注 益勤福 利於邦家云云

『동문선東文選』 제51권 찬贊

북산 낙산사 찬北山洛山寺贊

유경柳璥

보병대寶瓶臺

　조화를 지닌 육계[肉髻] 속에 모든 광명이 담겨 있도다. 자리 옆에서 나는 소리 찾아가니 어인 버드나무 꽂혀있는가. 우뚝한 모습에 깜짝 놀랐더니 완연한 너의 그림자와 형체로다. 삼토三土가 거의 다 타게 되었으니 행여나[儻] 단비를 주렴.

향로봉香爐峯

　부처님의 향이나 시체에서 나오는 물, 그것은 본시 모두 같은 것이다. 오훈五熏에 찌든 중생들은 부질없이 구별을 만들어 낸다. 참된 마음이 있어 두루 온 세상을 섭리하도다. 소의 머리에도 전단栴檀이 있고 안중眼中에도 금설金屑이 있다.

『속동문선』 제21권 녹錄

　바른편으로 천보산天寶山을 지나 송정松亭에 당도하여 여기서부터 낙산洛山을 바라보며 20리를 가서 낙산동洛山洞에 들어갔다. 또 10리를 가서 낙산사洛山寺에 당도하니, 지나는 길에 피택陂澤이 많아서 그 크기를 10리 혹은 20여 리 되는 것이 여섯이나 된다. 그리고 두 곳의 큰 개와 두 곳의 큰 내를 건너고 죽도竹島를 셋이나 지났는데, 기암奇巖 괴석은 몇이나 되는지 알 수 없다. 낙산사는 신라 승려 의상義相이 지은 것인데, 그 절의 스님이 그 사적을 전하기를, "의상이 직접 관음觀音대사를 해변 굴속에서 만나니 관음이 친히 보주寶珠를 주고 용왕龍王이 또 여의주如意珠를 바치기에 의상은 두 구슬을 받았다. 이에 절을 짓고 전단토旃檀土를 가져다 손수 관음상을 만들었다. 지금 바닷가에 있는 조그마한 굴이 바로 관음의 머무른 곳이요, 뜰 가운데 있는 석탑이 바로 두 구슬을 수장한 탑이요, 관음 소상은 바로 의상이 손수 만든 것이다." 한다. 무자戊子 연간에 요승妖僧 학열學悅이란 자가 있어 나라에 아뢰어 절터에다 큰 법당을 짓고, 그 안에 살면서 곁에 있는 민간의 전답을 다 빼앗아 자기 것으로 만들었다. 지금 학열이 죽은 지 1년인데, 그 도제 지생智生이 일찍이 학열에게 곱게 보였던 관계로 학열이 죽자 노비奴婢 전답, 재물을 다 얻어서 그 이익을 관리하고 있다. 절 앞에 정자 하나가 바닷가에 가까이 있고, 감나무 숲이 여러 겹을 두르고, 대와 나무가 온 산에 가득하다. 나는 정자에 올라 앉아 바다를 바라보고 정자를 내려와 언덕 밑을 지나서 큰 대숲에 갔다가 도로 주사廚舍를 지나서 곡구谷口로 내려가 왼편으로 암석巖石을 거쳐 조그마한 댓가지를 헤치고 반 마장쯤 가서 이른바 관음굴이란 곳에 당도하니, 조그마한 동불銅佛이 굴속의 조그마한 실내에 있어 바람과 햇볕을 가리지 못하고 방 아래서는 파도 물결이 돌을 대질러 산 형상이 흔들리는 듯하고, 지붕 판자가 노상 울린다. 나는 내려와 동구에 당도하자 운산이 중 계천繼千을 데리고 와서 나를 맞아 절로 들어가니 지생이 나와 영접하여 하룻밤을 지냈다.

갑오甲午일 이른 아침에 나는 정자에 올라 앉아 해뜨는 것을 구경하였다. 지생이 아침 식사를 대접하고 나를 인도하여 관음전을 구경시키는데 이른바 관음상은 제작한 기술이 극히 정밀하고 교묘하여, 정신이 들어있는 것 같았다. 전 앞에 정취전正趣殿이 있고, 전 안에는 금불 셋이 있다. 나는 출발하여 남쪽 길로 가다가 서쪽으로 접어들어 20리쯤 가서 양양부襄陽府 앞 냇가에 당도하여 말을 쉬게 하고, 또 10리를 가서 설악雪岳으로 들어가 소어령所於嶺을 올라 고개를 내려오니 냇물은 왼편에 있고, 봉만峯巒은 바른편에 있다. 산기슭을 다 지나서 냇물을 건너 왼편으로 가니 물은 맑고 산은 빼어나고 하얀 돌이 담 쌓여 대략 금강산의 대장동과 같다. 물줄기를 따라 올라가서 오색역五色驛을 당도하니, 하얀 달이 벌써 산 위에 둥실 높이 떴다. 이날 뭍으로 30리를 걷고 산으로 40리를 걸었다.

『명재유고明齋遺稿』 제2권 시詩

윤증*

낙산사洛山寺에서 판상 시에 차운하다

도가 소장하는 것 관여치 않거니와 / 不管道消長
인간사 근심 걱정 무엇하러 신경쓰랴 / 何知人樂憂
천하 경영하려던 대장부의 큰 뜻을 / 且將弧矢志
애오라지 해산에 노는 데 부치노라 / 聊付海山遊
초여름 청명하고 화창한 사월에 / 首夏淸和節
배꽃이 흐드러진 낙산사 누각일레 / 梨花洛寺樓
푸른 바다 만 리에 아스라한데 / 滄溟正萬里
해 돋자 채색 구름 걷히어 가네 / 日出彩雲收

洛山寺 次板上韻

不管道消長 何知人樂憂 且將弧矢志 聊付海山遊 首夏淸和節 梨花洛寺樓 滄溟正萬里 日出彩雲收

*윤증(尹拯, 1629~1714). 호 명재明齋·유봉酉峯. 시호 문성文成. 조선 중기의 문신으로 대청 실리외교론을 주장하였다. 시문집으로 『명재유고明齋遺稿』가 있다.

『백호전서白湖全書』 제34권 잡저雜著

윤휴*

　14일(병진) 새벽에 빈일료賓日寮에 나가 일출 광경을 보려고 했는데 그날 따라 하늘에 비가 올 징후가 있어 붉은 노을이 남북을 통해 하늘에 질펀하였고 만경창파 같은 구름 물결이 끝도 없이 하늘을 띄워보내고 해를 목욕시킬 듯하여 사람으로 하여금 정신이 하늘 밖에 나가 놀게 만들었다. 조금 후 하늘은 금방 변하여 새벽빛이 다시 짙고 하늘 끝도 희미했다. 태양은 비록 뜬구름에 가려 있었지만 구름이 변화하는 태도라든지 별스럽게 자꾸 바뀌는 모양은 보기에 이채로웠다. 그날은 기일忌日이었기에 혼자 빈일료에 앉아서 재계하였다. 늙은 스님 비경秘瓊이라는 자를 불러 함께 얘기하다가 최간이崔簡易가 읊었다는 운韻자를 들었는데 운자만 있고 시는 없었다. 그 운자에 차운하여 써 주고, 또 벽상에 걸려 있는 홍녹문洪鹿門‧정동명鄭東溟 운에도 차운하였다.

　동해의 동쪽에는 낙산사가 있거니 / 洛寺寺臨東海東
　부상에서 해가 뜨면 온 하늘이 붉어지네 / 扶桑出日滿天紅
　절간의 이른 새벽 향 피우고 앉았으니 / 上方淸曉燒香坐
　상서로운 구름 속에 떠 있는 듯하여라 / 身在祥雲紫氣中

　위의 시는 간이의 운에 차운한 것이고,

*윤휴(尹鑴, 1617~1680). 조선 중기의 문신으로 호는 백호白湖‧하헌夏軒 등을 썼다. 주요 저서에 『독서기讀書記』, 『주례설周禮說』, 『중용설中庸說』 등이 있고, 문집에 『백호집』이 있다.

설악산 동해 바다 그 사이 낙가정에서 / 雪嶽東溟洛伽亭
붉은 해가 푸른 하늘로 오르는 걸 내 보았네 / 直窺紅日上青冥
해산이 다한 곳에 이름난 고장 있어 / 海山窮處名區在
육경에 뛰어난 호걸스런 사람 같애 / 却似人豪出六經

위의 시는 동명의 운에 차운한 것인데, 다른 사람들도 함께 차운하였다.

우주 개벽 어느 때에 됐다던가 / 宇宙幾時闢
이 절은 신라시대에 지었다네 / 禪宮羅代開
새는 구름 저 멀리로 사라지고 / 鳥向雲邊滅
돛단배 저 하늘 밖에서 오네 / 颿從天外來
바람 일자 파도는 태양을 흔들고 / 風生波盪日
가을 짙어 객은 누대에 오르네 / 秋晚客登臺
바닷가 삼천 리를 다 돌아보고나니 / 遵海三千里
이 정자가 참으로 장쾌하여라 / 茲亭實快哉

또 한 수는,

위치는 산수 좋은 곳 차지했고 / 地占山河勝
들창은 바다 쪽으로 향해 있네 / 窓臨溟海開
하늘 밖에서 흰구름 일고 / 白雲天外起
붉은 해가 밤중만 온다네 / 紅日夜中來

바람은 금선굴 흔들어대고 / 風撼金仙窟
파도는 의상대를 절구질하네 / 波舂義相臺
구이에 가 살고픈 뜻이야 있었다만 / 居夷夙有意
날 따를 자가 누구란 말가 / 從我其誰哉

했는데, 여러 사람이 다 함께 차운하였다. 정동명의 원운元韻은, '임지로 가는 유열경柳悅卿을 보내며' 인데,

일만 그루 배나무꽃 바닷가 정자 / 萬樹梨花海上亭
낙산이 바닷가라 바다가 끝이 없네 / 洛山邊海海冥冥
문정에 송사 없고 종일토록 한가하리니 / 訟庭竟日閒無事
부상의 대제경이나 챙겨서 읽게그려 / 須讀扶桑大帝經

하였고, 홍녹문의 원운은, '낙산사에서 노두老杜의 운으로' 인데,

이곳이 용왕의 집 자린데 / 地卽龍王宅
어느 해에 절이 섰다던가 / 何年梵宇開
하늘은 푸른 바다에 떠가고 / 天浮靑海去
산은 백두산에서 왔다네 / 山自白頭來
가을 풍경을 실컷 보기도 하고 / 縱目觀秋色
석대에 올라 쉬기도 했네 / 扶筇倚石臺
여기에 올라 세월의 무상함을 어루만지노라니 / 登臨撫今古
생각키는 이런 일 저런 일 끝이 없어라 / 俯仰恩悠哉

했으며, 손홍우희孫烘宇熙는 차운하기를,

창파가 아득하여 끝이 없구나 / 滄波杳無際
천지는 언제쯤 개벽되었다지 / 天地幾時開
옛절엔 가을빛이 다해가는데 / 古寺秋光盡
모래밭으로 물새들이 오는고야 / 明沙海鳥來
시 읊조리며 옛일 더듬어도 보고 / 吟詩憶舊迹
먼 곳 바라보며 누대에 앉기도 하지 / 騁眺坐寒臺
황학이 한 번 날아가더니 / 黃鶴一飛去
흰구름마저 왜 그리도 먼지 / 白雲何遠哉

하였다. 그리고 그날 비경이 최간이의 시 두 수를 가지고 왔었는데 그 하나는,

누대하면 해 뜨는 바다 장관이라 들었더니 / 樓觀海日昔聞奇
달로 치면 중추가절 햇수로는 일 년이라 / 月得中秋一歲期
이날이요 이때에 장맛비를 만났으니 / 此日此時逢久雨
하늘이 날 영동에서 시 쓰라고 잡아 두었네 / 天公停我嶺東詩

라고 읊었으니, 이 시는 낙산洛山을 읊은 것이고, 또 십칠조十七朝라는 시는 이렇다.

높고 높은 저 하늘 달이 진 후 동쪽에서 / 玉宇迢迢落月東

갑자기 만경창파가 붉게붉게 끓더니만 / 滄波萬頃忽翻紅

굼틀굼틀 괴물들은 모두 다 어디가고 / 蜿蜒百怪皆如畵

곱디고운 안개 속에 황금바퀴가 튀어 나오네 / 擎出金輪彩霧中

이상의 시들은 최공崔公이 간성 유수로 있을 때 판각해서 달아 두었던 것으로 언젠가 화재로 그 현판은 다 불타 없어지고 말았는데, 어느 선비 집에 남아 있던 이 시를 비경이 나에게 보여 주기 위해 베껴 온 것이다. 그리고 또 정수몽鄭守夢이 유수로 있으면서 비경에게 준 사운시四韻詩도 읊기에 그럴 만하여 역시 베끼게 하였다. 그리고 내가 좌중에다 말하기를,

"선배들은 별것 아닌 이 시 한 수까지도 그렇게 관심들을 가졌었는데 어찌해서 지금 후배들은 그에 대한 반응이 그렇게도 없는지 모르겠어."

하였다. 정수몽의 시는 기억이 나지 않아서 적을 수가 없으니, 일행들에게 다시 물어보아야겠다. 그 중의 시축에는 요즘 여러 사람들 시도 있었지만 그것들은 다 그렇고 그런 내용들이었다.

『신증동국여지승람新增東國輿地勝覽』 제44권 강원도江原道

【불우】 낙산사洛山寺 오봉산에 있다.

○ 신라 승려 의상義相이 지은 것이다. 대웅전 위에 전단 관음상栴檀觀音像 하나를 봉안하고 대를 이어 높이 받들었는데, 영험이 있었다. 우리 세조世祖가 이 절에 행차하였다가, 전사殿舍가 비좁고 누추하다 하여 신축하도록 명하여, 매우 굉장하여졌다.

○ 고려 승려 익장益莊의 기문에, "양주襄州 동북쪽 강선역 남쪽 동리에 낙산사가 있다. 절 동쪽 두어 마장쯤 되는 큰 바닷가에 굴이 있는데, 높이는 1백 자 가량이고 크기는 곡식 1만 섬을 싣는 배라도 용납할 만하다. 그 밑에는 바닷물이 항상 드나들어서 측량할 수 없는 구렁이 되었는데, 세상에서는 관음대사觀音大士가 머물던 곳이라 한다. 굴 앞에서 오십 보쯤 되는 바다 복판에 돌이 있고, 돌 위에는 자리 하나를 펼 만한데 수면에 나왔다 잠겼다 한다. 옛적 신라 의상법사義相法師가 친히 불성佛聖의 모습을 보고자 하여 돌 위에서 전좌 배례展坐拜禮하였다. 27일이나 정성스럽게 하였으나 그래도 볼 수 없었으므로, 바다에 몸을 던졌더니, 동해 용왕이 돌 위로 붙들고 나왔다. 대성大聖이 곧바로 속에서 팔을 내밀어, 수정염주水精念珠를 주면서, '내 몸은 직접 볼 수 없다. 다만 굴 위에서 두 대나무가 솟아난 곳에 가면, 그곳이 나의 머리 꼭지 위다. 거기에다 불전佛殿을 짓고 상설像設을 안배하라.' 하였으며 용龍 또한 여의주와 옥을 바치는 것이었다. 대사는 구슬을 받고 그 말대로 가니 대나무 두 그루가 솟아 있었다. 그곳에다 불전을 창건하고 용이 바친 옥으로써 불상을 만들어서 봉안하였는바, 곧 이 절이다.

우리 태조께서 나라를 세우시고, 봄가을에 사자使者를 보내 사흘 동안 재를 실시하여 치성하였고, 그 후에는 갑령(甲令, 항상 하는 일)에 적어서 항규恒規로 하였다. 그리고 수정염주와 여의주는 이 절에 보관해 두어 보물로써 전하게 하였다. 계축년에, 원元나라 군사가 우리 강토에 마구 들어왔으므로 이 주州는 설악산에다 성을 쌓아 방어하였다. 성이 함락되자, 절 종[奴]이 수정염주와 여의주를 땅에 묻고 도망하여 조정에 고하였다. 침입군이 물러간 후에 사람을 보내 가져다가 내전內殿에 간수하였다. 세상에 전해 오기로는, '사람이 굴 앞에 와서 지성으로 배례하면 청조靑鳥가 나타난다.' 하였다. 명종明宗 정사년에, 유자량庾資諒이 병마사가 되어 시월에 굴 앞에 와서 분향 배례하였더니, 청조가 꽃을 물고 날아와서 복두幞頭 위에 떨어뜨린 일이 있었는데, 세상에서는 드물게 있는 일이라 한다." 하였다.

○ 고려 유자량의 시에, "바다 벼랑 지극히 높은 곳, 그 가운데 낙가봉洛迦峯이 있다. 큰 성인은 머물러도 머문 것이 아니고, 넓은 문은 봉해도 봉한 것이 아니다. 명주明珠는 내가 욕심내는 것 아니며, 청조는 이 사람이 만나는 것일세. 다만 원하노니 큰 물결 위에서, 친히 만월 같은 모습 뵈옵는 것을." 하였다.

○ 안축의 시에, "대성의 원통圓通한 지경은, 일찍이 바다 위 봉우리라 들었네. 불은佛恩은 감로와 같이 젖고, 향은 자니紫泥로 봉한 것이 있다. 유類에 따라서 몸은 항상 나타났으나, 미혹에 잠겨서 눈으로 만나지 못한 것일세. 참인가 거짓인가는 말할 것 없고, 다만 자애스런 모습에 배례할 뿐일세." 하였다.

○ 김부의金富儀의 시에, "한 번 해안 높은 곳에 등림하고서는, 머리를 돌리니 티끌 근심 없어졌노라. 대성의 원통한 이치를 알고자 하면, 성낸 물결이 산 밑에 부딪치는 소리를 들을 것일세." 하였다.

○ 김극기의 시에, "다행히 묘경妙境을 찾아 떠돌던 몸을 머무르니, 생각이 맑아지고 보는 것이 그윽하여 만 가지 상념想念이 없어진다. 물결 밑의 달은 누가 위아래를 분간하리, 봉우리 끝 구름은 저절로 서동西東을 차지한다. 금당金堂 속 가짜 상을 잠깐 보았을 제, 석굴石窟 속 참몸을 벌써 보았노라. 대사를 도와 7일재함을 기다리지 않아도, 그의 마음은 원에 응해 먼저 통했으리라." 하였다.

『아계유고鵝溪遺稿』 제2권 기성록箕城錄

이산해*

기행紀行

쫓겨난 이 신하 대죄하던 곳 / 孤臣昔竢罪
대동강 동쪽 외진 마을이었지 / 浿水東村僻
당시엔 풍파가 창졸간에 일어나 / 風波起倉卒
화란을 예측하기 어려운 상황이라 / 禍機將不測
죽음 못 면하리라 다들 말했지만 / 人言死難免
성상께서 통촉하시리 나는 믿었네 / 我恃天鑑燭
하해 같은 은혜로 목숨 보전하여 / 鴻恩荷曲全
외진 이곳 영해로 귀양왔었지 / 嶺表賜譴謫
찢어진 옷 어깨와 팔꿈치 드러나고 / 破衣露肩肘

*이산해(李山海, 1539~1609). 호 아계鵝溪, 시호 문충文忠. 선조 때 문장 8가文章八家라 일컬었다. 저서로 『아계유고鵝溪遺稿』가 있고, 글씨에 「조정암광조묘비趙靜菴光祖墓碑」가 있다.

행낭 자루엔 남은 곡식이 없었네 / 行囊無餘粟
금오랑이 길 떠나라 재촉해대니 / 金吾催登途
잠시인들 지체할 수 없었다오 / 頃刻留不得
사위인 이랑이 나를 좇아와서 / 李郎追我來
갈림길에서 비통한 이별할 제 / 慘慘臨岐別
어디로 갈거나 말은 못 하고서 / 訒之自何方
서로 부여잡고 길 위에서 울었지 / 相扶路上泣
저물녘에 상원촌에 들어서니 / 暮投祥原村
나무 그늘에 숨은 오두막이었네 / 樹底藏蝸屋
수안 길에선 진흙탕에 빠지고 / 衝泥遂安路
신계협에선 더위에 시달렸지 / 觸熱新溪峽
주인은 나를 후하게 대접하여 / 主人遇我厚
술을 내고 쟁반에 어육을 담아와서 / 杯盤盛魚肉
유락하는 신세 은근히 위로해 주니 / 慇懃慰流落
반기는 눈빛 참으로 막역지우였네 / 靑眼眞莫逆
깊숙한 곳에 자리한 안협촌 / 窈窕女峽村
가는 길은 강 따라 굽이굽이 꺾였지 / 緣江路百折
둘째 딸아이가 장인을 따라 / 仲女隨舅翁
난리 피하여 숲 속에 숨어 있다가 / 避亂依林樾
나를 보고 울며 잠시만 머물라 애원했네 / 啼呼願少留
그러나 메조밥이 채 익기도 전에 / 糲飯炊未熟
옷깃 떨치고 떠나 돌아보지 않으니 / 拂衣去不顧
부녀간의 은정 칼로 자르듯 아팠네 / 恩情如斷割

이천에서는 늙은 종을 만났는데 / 伊川逢老僕

우리 열 식구 깊은 골짝에 숨어 있었지 / 十口竄深谷

늙은 아내는 작별이나 할 양으로 / 老妻欲相訣

나를 기다리며 길가에 서 있었건만 / 待我立路側

뿌리치고 말을 채찍하여 지나가니 / 麾之策馬過

어느새 운산을 넘어 아득히 멀어졌네 / 已覺雲山隔

밤중에 평강현을 지날 적에는 / 夜過平康縣

달도 없는 어둠 속 부엉이가 울었지 / 月黑鵂鶹哭

금화촌에서는 비에 막혀 머물렀는데 / 滯雨金化村

시냇물이 깊어 말의 배까지 차올랐네 / 溪深過馬腸

사위 유랑은 어린 딸을 데리고서 / 柳郞偕弱女

양식을 싸들고 산 넘고 물 건너와 / 贏糧勤跋涉

낡은 이불 하나를 가지고 와서는 / 携來一幣衾

눈물과 함께 길 떠나는 내게 주었지 / 和淚贈行役

가고 또 가서 낭천을 지나노라니 / 行行過狼川

산이 깊어 범 발자국이 많았네 / 山深多虎跡

양구와 인제 두 고을의 태수는 / 楊麟兩太守

옛적부터 교분이 있어온 터라 / 分義自疇昔

말술을 나에게 마시라 권하매 / 斗酒勸我飮

그 깊은 정 뱃속에서 우러나왔지 / 深情出肝膈

동쪽으로 한계산을 바라보니 / 東望寒溪山

빽빽이 세운 창칼처럼 높은 봉우리들 / 嵯峨森劍戟

저물녘에 산 아래 역참에 묵노라니 / 暮宿山下驛

구름과 산 기운에 잠자리가 눅눅했지 / 雲嵐濕枕席
새벽녘에 미파령 잿마루를 오르니 / 曉登彌坡嶺
동해 바다가 몸 굽히면 잡힐 듯 / 東溟俯可挹
층암절벽에 말발굽이 미끄러져 / 層崖馬蹄滑
열 걸음에 예사로 아홉 번 넘어졌지 / 十步恒九蹶
미파령을 내려와 원암에 당도하니 / 下嶺到元巖
세 가닥 장대 높이로 해가 기울기에 / 三竿日已夕
황혼에 낙산사로 가서 투숙하는데 / 黃昏投洛山
절간 밥상이라 죽순과 나물이 섞였지 / 僧盤雜筍蔌
늙은 스님이 나를 불러 깨우더니만 / 老衲呼我起
새벽 창으로 일출 광경 보라 하네 / 曉窓看日出
평소에 꿈에서나 그리던 곳인데 / 平生夢想地
하룻밤 묵으니 참으로 절승이었지 / 一宿眞勝絕
해가 뜰 무렵 멀리 현산을 바라보니 / 平明望峴山
안개 낀 수림이 빽빽이 둘러 있었지 / 煙樹擁簇簇
짧은 노를 저어 강어귀를 내려오니 / 短棹下江口
외로운 성에서 뿔피리 소리 들리었네 / 孤城聽吹角
쓸쓸한 고을이라 동산현에는 / 蕭條洞山縣
낙봉의 시가 벽에 걸려 있었지 / 駱峯詩掛壁
명사십리 백사장엔 해당화 향기롭고 / 鳴沙海棠香
경포대 호숫가에는 찬 솔이 푸르렀네 / 鏡浦寒松綠
임영은 예부터 이름난 지역이라 / 臨瀛古名區
산수도 좋거니와 좋은 유적 많아라 / 山水多勝躅

말 위에서 몇 번이나 고개를 돌렸던가 / 馬上幾回首
노정을 다잡아 번갯불처럼 치달렸네 / 嚴程若電掣
갖은 고생을 겪고 율령재를 넘으니 / 間關踰栗嶺
화현 고개가 또 우뚝이 서 있었지 / 火峴又突兀
험한 길을 빠져나와 평원을 지나 / 脫險度平曠
진주성 밖에 다달아 유숙하였더니 / 眞珠城外宿
수령이 추위에 떠는 날 불쌍히 여겨 / 使君憐我寒
솜을 넣은 도포를 입으라 주고는 / 絅袍縫密密
조각배로 나를 전송해 준 그 온정 / 扁舟送我情
담수는 깊고 깊어 천 척이었네 / 潭水深千尺
높고 높은 소공대에서는 / 崔嵬召公臺
멀리 울릉도가 역력히 보였고 / 蔚陵看歷歷
울진이라 독송정에서는 / 仙槎獨松亭
여윈 말 매어놓고 여물을 먹였지 / 瘦馬留一秣
망양정에서 아득한 바다를 바라보니 / 望洋臨縹緲
하늘과 물 푸른빛이 서로 엉겼어라 / 天水相涵碧
이에 흉금 어느새 후련히 트이어 / 胸襟覺浩浩
시름도 즐거움도 죄다 던져버렸지 / 憂樂盡抛擲
월송정 객점에서 안장을 풀고 쉬는데 / 卸鞍越松店
머리를 쳐드니 머리가 천정에 부딪쳤네 / 擧頭頭打屋
의연히 내 고향 집에 돌아온 듯하니 / 依然返桑梓
분수를 헤아림에 만족할 줄 알겠더라 / 揆分庶知足
야밤에 치달려 온 화급한 통문을 보니 / 羽書半夜馳

승냥이 같은 도적떼가 가득 몰려온다네 / 豺狼急充斥

이름 없이 헛되이 죽는 게 부끄러웠지 / 一死愧無名

이내 목숨이 아까운 건 아니었다오 / 軀命非所惜

창황히 서둘러 뒤고개를 넘어가면서 / 蒼黃踰後嶺

한 달이라 삼십 일 동안 기갈을 참았네 / 三旬忍飢渴

적이 지나간 뒤에 처소로 돌아와보니 / 賊過還僑舍

소슬한 가을바람이 이미 불더라 / 秋風已蕭瑟

나의 두 자식과 그 어미인 아내가 / 兩兒與母妻

지친 모습으로 이곳 해변을 찾아왔지 / 纍纍尋海曲

만 번 죽을 위험 끝에 홀연히 상봉하니 / 萬死忽相逢

꿈인가 생시인가 알기 어려웠네 / 眞夢未易識

황보촌에서 귀양사는 삼 년 동안에 / 三年黃保里

골육 친지 반나마 영락했으니 / 骨肉半零落

슬퍼해도 소용없음이야 익히 알지만 / 自知無益悲

쇠잔한 머리 날로 흰 터럭이 늘었지 / 衰鬢日添白

광음은 절로 하염없이 흘러가고 / 光陰自荏苒

한서는 수레바퀴통처럼 빨리 바뀌니 / 寒暑如轉轂

눈길 닿는 곳마다 마음이 언짢아서 / 觸目懷作惡

때때로 흥건히 흐르는 눈물을 닦았지 / 時時淚盈掬

어찌 객지살이 괴로움 때문이랴 / 豈緣羈旅苦

대궐을 연모하느라 창자가 찢어졌네 / 戀闕腸欲裂

의주의 물굽이는 오열하며 흐르고 / 嗚咽龍灣水

대동강에 뜬 달도 빛이 처량하리 / 凄凉大同月

아득한 행궁은 어드메 있느뇨 / 行宮杳何處

소식을 전할 길은 전혀 없구나 / 魚鴈亦難達

어저께 저녁 고을 사람이 전갈하길 / 昨暮邑人傳

임금 수레가 도성으로 돌아왔다기에 / 車駕旋故國

근심 중 이렇게 반가운 소식 들으니 / 憂中聞吉語

황홀한 마음을 형언하기 어려워라 / 惝怳難容說

천심도 재앙 내린 것을 후회하는가봐 / 天心應悔禍

적의 형세가 절로 무너져 움츠리네 / 賊勢自崩蹙

난세와 치세는 본래 서로 이어지니 / 否泰本相仍

삼한 땅이 앞으론 평안해지리라 / 三韓將妥怗

이제부턴 모쪼록 밥이나 많이 먹어 / 從今但加餐

해골이 산야에 버려짐이나 면해야지 / 骸骨免塡壑

군자는 이치대로 살아감을 중시하나니 / 君子貴理遣

곤궁함 속에서도 오히려 자득한다네 / 窮阨猶自得

범인들은 그저 이해득실만 중시하여 / 衆人重得喪

심화를 태우며 자신을 들볶아대지 / 膏火相煎爍

내 이제 고인을 스승으로 삼았는데 / 我今師古人

어찌하여 길이 소인마냥 근심하는가 / 胡爲長戚戚

돈이 생기면 곧바로 술을 사먹고 / 有錢卽沽酒

미친 노래 불러 울적한 회포나 풀리라 / 狂歌暢幽鬱

孤臣昔嬰罪 浿水東村僻 風波起倉卒 禍機將不測 人言死難免 我恃天鑑燭 鴻恩荷曲全 嶺表賜遣謫 破衣露肩肘 行橐無餘粟 金吾催登途 頃

刻留不得 李郎追我來 慘慘臨岐別 訊之自何方 相扶路上泣 暮投祥原村 樹底藏蝸屋 衝泥逐安路 觸熱新溪峽 主人遇我厚 杯盤盛魚肉 慇勤慰流落 靑眼眞莫逆 窈窕安峽村 緣江路百折 仲女隨舅翁 避亂依林樾 啼呼願少留 糲飯炊未熟 拂衣去不顧 恩情如斷割 伊川逢老僕 十口竄深谷 老妻欲相訣 待我立路側 麾之策馬過 已覺雲山隔 夜過平康縣 月黑鵂鶹哭 滯雨金化村 溪深過馬腸 柳郞偕弱女 贏糧勤跋涉 携來一弊衾 和淚贈行役 行行過狼川 山深多虎跡 楊麟兩太守 分義自疇昔 斗酒勸我飮 深情出肝膈 東望羮溪山 嵯峨森劍戟 暮宿山下驛 雲嵐濕枕席 曉登彌坡嶺 東溟俯可挹 層崖馬蹄滑 十步恒九蹶 下嶺到元巖 三竿日已夕 黃昏投洛山 僧盤雜筍蕨 老衲呼我起 曉窓看日出 平生夢想地 一宿眞勝絶 平明望峴山 煙樹圍簇簇 短棹下江口 孤城聽吹角 蕭條洞山縣 駱峯詩掛壁 鳴沙海棠香 鏡浦寒松綠 臨瀛古名區 山水多勝躅 馬上幾回首 嚴程若電掣 間關踰栗嶺 火峴又突兀 脫險度平曠 眞珠城外宿 使君憐我寒 綈袍縫密密 扁舟送我情 潭水深千尺 崔嵬召公臺 蔚陵看歷歷 仙槎獨松亭 瘦馬留一秣 望洋臨縹緲 天水相涵碧 胸襟覺浩浩 憂樂盡抛擲 卸鞍越松店 擧頭頭打屋 依然返桑梓 揆分庶知足 羽書半夜馳 豺狼急充斥 一死愧無名 軀命非所惜 蒼黃踰後嶺 三旬忍飢渴 賊過還僑舍 秋風已蕭瑟 兩兒與母妻 纍纍尋海曲 萬死忽相逢 眞夢未易識 三年黃保里 骨肉半零落 自知無益悲 衰鬢日添白 光陰自荏苒 寒暑如轉轂 觸目懷作惡 時時淚盈掬 豈緣羈旅苦 戀闕腸欲裂 鳴咽龍灣水 凄涼大同月 行宮杳何處 魚雁亦難達 昨暮邑人傳 車駕旋故國 憂中聞吉語 愉悅難容說 天心應悔禍 賊勢自崩蹶 否泰本相仍 三韓將安帖 從今但加餐 骸骨免塡壑 君子貴理遣 窮阨猶自得 衆人重得喪 膏火相煎爍 我今師古人 胡爲長戚戚 有錢

卽沽酒 狂歌暢幽鬱

『오산설림초고五山說林草藁』

양양襄陽 낙산사洛山寺에서 양창해楊滄海가 절구 한 수를 지었는데,

푸르고 푸른 안개 누각은 삼천 길이나 되고 / 靑靑霧閣三千丈
희고 흰 구름 창은 일만 리 하늘과 같더라 / 白白雲窓萬里天
바라보다 뗏목을 잡으나 사람 보이지 않으니 / 望望乘槎人不見
어느 곳에서 누선이 뜨는가 / 不知何處泛樓船

하였다.

『용재집容齋集』 제2권 오언율五言律
이행*

지난날 장맛비를 만났을 적 / 往時遭雨潦
한 가닥 길에서 각자 엇갈렸지 / 一路各差池
세상일이란 참으로 우스운 것 / 世事眞堪笑

*이행(李行, 1352~1432). 고려 말·조선 초의 문신. 호로 기우자騎牛子·백암白巖 등을 썼다. 문집으로 『기우자집騎牛子集』이 있으며, 『용재집』은 그의 사후인 1589년 이광李洸이 출간한 것이다.

덧없는 인생 만날 기약 없어라 / 浮生未有期

서로 만났다가 다시 이별하고 / 相逢還作別

술잔 잡고 한 편 시를 논하누나 / 把酒且論詩

낙산사에 의춘의 시축이 있으니 / 洛寺宜春軸

한가한 틈에 설미를 찾아보시라 / 乘閑問雪眉

『용재총화慵齋叢話』 제6권

성현*

낙산사洛山寺 스님 해초海超가 우리 문중에 출입한 지가 오래되었는데, 하루는 와서 부처에게 공양할 것을 요구하였다. 유본有本이 방에 있다가 말하기를, "높은 집에다 단청을 칠하고 나무에다 진흙을 칠하여 부처를 만들어, 밤낮으로 정성을 다하여 음식을 올린들 무슨 이익이 있는고." 하니, 스님이 즉석에서 대답하기를, "높은 집에 단청을 칠하고 밤나무를 깎아 신주를 만들고, 사철의 중월仲月에 정성을 다하여 음식을 올린들 무슨 이익이 있는고." 하니, 유본이 대답하지 못하였다.

洛山寺僧海超 出入吾門已久 一日來求供佛之具 有本在房曰 高架棟宇 塗以丹雘 塑泥木爲像 晝夜虔誠而饋之 有何利益 僧卽應聲答曰 高架棟宇 塗以丹雘 斲栗木爲主 四仲之月 虔誠而饋之 有何利益 有本不能對

*성현(成俔, 1439~1504). 조선 전기의 명신. 호 용재慵齋·허백당虛白堂, 시호 문대文戴, 유자광柳子光 등과 『악학궤범樂學軌範』을 편찬했으며 문집인 『용재총화慵齋叢話』를 비롯해 『허백당집虛白堂集』, 『풍아록風雅錄』 등 많은 저서가 있다.

『임하필기林下筆記』 제37권 봉래비서蓬萊秘書

이유원*

선유담仙遊潭, 낙산사洛山寺

낙산사는 양양군襄陽郡에서 20리 떨어진 지점에 있으며, 관음굴觀音窟이 그 곁에 있다. 바다 위로 두 바위에 걸터앉혀서 허공을 질러 절을 일으켰는데, 의상대사義相大師가 창건한 것이다. 그리고 우리 세조대왕世祖大王이 중수하였다. 어수정御水井과 선유담이 있다.

간이簡易의 낙산사洛山寺 시는 다음과 같다. 그 중 한 수는

누관과 해일의 그 기특한 경치 예전에 듣고 / 樓觀海日昔聞奇
중추의 좋은 시절에 구경 날짜를 잡았다 / 月得仲秋一歲期
이곳에서 이때에 궂은비를 만났으니 / 此地此時逢苦雨
하늘이 나를 영동에 머물러 시를 짓게 하누나 / 天公停我嶺東詩

하였고, 또 한 수는

계속 내리던 비 갓 개인 때를 타서 / 剛因積雨得新晴
동대로 걸어 나가 달 뜨기를 기다리네 / 步出東臺遲月生
십육일 밤에야 달이 꽉 찬 것을 보겠으니 / 二八眞看規正滿
간밤엔 그릇 몇 사람의 심정을 괴롭혔을까 / 前宵枉惱幾人情

*이유원(李裕元, 1814~1888). 호 귤산橘山·묵농墨農. 시호는 충문忠文으로 조선 후기 개화를 주장한 문신이다. 저서에 『귤산문고』, 『가오고략嘉梧藁略』, 『임하필기林下筆記』 등이 있다.

하였으며, 또 한 수는

아득한 하늘가 달이 질 무렵에 / 玉宇迢迢落月東
만경창파 갑자기 붉은빛 번쩍이네 / 滄波萬頃忽飜紅
꿈틀거리는 온갖 괴물들 불을 머금고 / 蜿蜿百怪皆銜火
밝은 달을 황도 가운데 전송하누나 / 送出金輪黃道中

하였다.
시남市南의 '낙산사에서 상인上人에게 주다' 라는 시는 다음과 같다.

바닷가에 위치한 그윽한 관음굴 / 海上觀音窟
천년토록 내려온 외로운 낙산사 / 千年洛寺孤
한퇴지韓退之가 벗한 태전太顚은 전생의 그대요 / 顚公前世爾
한퇴지 그는 바로 후생의 나라네 / 韓子後生吾
불경 소린 밤새도록 놀라게 하고 / 禪梵通宵驚
바다의 파도는 새벽에 몰려오네 / 溟濤入曉驅
서로 일출을 보기로 약속했으니 / 相期看日出
하늘이 맑은지 여부 물어보노라 / 天色問晴無

명재明齋의 낙산사 시는 다음과 같다.

세도世道의 소장 성쇠를 아랑곳하지 않는데 / 不管道消長
사람의 희비를 어떻게 알겠는가 / 何知人樂憂

천하를 경영할 큰 뜻을 / 且將弧矢志

애오라지 해산의 유람에 쓰노라 / 聊付海山遊

첫여름이라 청화한 시절 / 首夏淸和節

배꽃 만발한 낙산사러라 / 梨花洛寺樓

바다는 만리나 아스라한데 / 滄溟正萬里

해 돋으니 채색 구름 걷히네 / 日出彩雲收

택당澤堂의 낙산사 시는 다음과 같다. 그 중 한 수는

누가 용공 불러내어 눈을 뿌리게 하였노 / 誰喚龍公撒玉塵

머리 돌려 보니 선궁仙宮의 광경 새롭구나 / 琳宮光景轉頭新

바다는 은백색 거품을 흠뻑 뒤집어쓰고 / 滄溟倒拚銀濤沫

사찰은 하얀 치자나무 꽃으로 단장하였네 / 祇樹粧成白薝春

세모에 올라와 보니 역시 그대로 승지 / 歲暮登臨仍勝地

타향에서 만나 뵌 분은 바로 집안 어른 / 天涯會合是宗人

돌아가는 길에 도롱이 젖는 일 걱정치 않고 / 不愁歸路簑衣濕

술동이 앞에 한가한 몸으로 서로 대하누나 / 且鬪樽前漫浪身

이날 집안 어른을 만났는데, 큰 눈이 내렸다.
하였고, 또 한 수는

관세음보살도 숨어 살고 싶은 뜻을 가졌던지 / 至人亦有滄洲趣

신령스런 그 자취를 동해안에 남겼구나 / 靈迹曾留海岸東

한 손길 자비를 베풀려 동방에 왔으니 / 一手慈悲奔鰈域
웅장한 사찰 천추토록 하늘 높이 솟았네 / 千秋臺殿壓鴻濛
범종이 울리자 스님들 발우공양 서두르고 / 鯨魚自吼僧催鉢
보배 기운 떠오르니 벽에서 무지개 뿜었네 / 寶氣常騰壁吐虹
백화 왕자가 지은 찬을 본받으려고 하여도 / 欲效白華王子讚
솜씨 겨룰 만한 기어 없는 게 부끄럽네 / 愧無奇語與爭工

진해鎭海의 낙가산洛伽山을 일명 '소백화산小白華山'이라 하는데, 곧 관음觀音의 도량道場이다. 왕자 이안李安이 이에 대해서 찬을 지었는데, 글 솜씨가 무척 기이하였다.
하였으며, 또 한 수는

안견의 수묵화와 임억령林億齡의 시편은 / 安堅水墨石川詩
천재토록 가람의 두 보화로 꼽혔네 / 千載伽藍兩絕奇
병화로 인해 승려들마저 모두 떠나 / 劫火倂將僧寶去
명구가 마치 상전벽해처럼 변했네 / 名區便覺壑舟移
향운과 법우 다시 볼 수 없는 속에 / 香雲法雨虛無裏
깨진 기와 무너진 담 절터 희미하네 / 解瓦頹垣指點疑
다행히도 성종成宗 임금의 글 한 편 남아 / 賴得宣陵宸翰在
신령스런 빛 여전히 절을 감싸 주네 / 神光依舊擁山祇

하였다.
곤륜崑崙의 '북진北津을 건너 낙산사로 향하면서'라는 시는 다음과 같다.

배 한 척을 물 한복판에 띄워 나가니 / 孤舟泛出水中央
석양 속에 일렁이는 물결 아득하여라 / 落日煙濤更淼茫
구름 속 종소리 낙산사에서 들려오고 / 雲裏疎鍾聞洛寺
성 가 우뚝한 나무 양양에서 보이네 / 城邊獨樹見襄陽
밝은 달 만물을 비치듯 마음 명쾌한데 / 心將水月通羣照
손으로 은하수 거머잡고 팔방 굽어본다 / 手攬星河俯八荒
취한 뒤에 물귀신을 질타하였더니 / 醉後馮夷隨叱咤
파도 맑고 바람 자서 흥 더욱 높아라 / 波明風定興逾長

또 '낙산사에 이르러' 라는 시는 다음과 같다.

낙산사 아래에다 배를 매어 놓고 / 洛山寺下繫孤篷
이리저리 산책하며 바람을 쐬노라 / 散步微吟老樹風
달 뜨려고 하니 사찰은 고요하고 / 松月欲生僧梵靜
물새 갓 잠드니 물가가 텅 빈 듯 / 水禽初定渚煙空
시야는 반짝이는 은하수 밖에서 끝나고 / 眼窮星漢沖融外
몸은 맑은 하늘 가운데 우뚝 서 있노라 / 身御雲霄沆瀣中
이로부터 몸에 날개가 생겨서 / 便欲從玆生羽翰
만리 길 영주 봉래에 표연히 이르고 싶네 / 飄然萬里到瀛蓬

또 '낙산사에서 달밤에' 라는 시는 다음과 같다.

오봉 대전은 연하 밖에 우뚝 솟았는데 / 五峯臺殿出煙氣

시야가 부상에서 끝나도록 구름 보이지 않네 / 目斷扶桑不見雲

하늘과 바다 서로 포용하니 원기가 합하고 / 天海相涵元氣合

달과 별 높은 데서 비치니 천지가 나뉘네 / 月星高照兩儀分

독룡은 염불소리 들으며 못 속에 엎드렸고 / 毒龍聽梵淵中伏

황새가 바람 속에 우는 소리는 나무 끝에서 들리네 / 巢鸛呼風樹杪聞

뛰어난 지경이 마음을 깨끗하게 만드니 / 絶境頓敎心地淨

인간 세상 벗어나고 싶은 생각 간절하구나 / 向來深欲遁人羣

또 '일출日出을 보다' 라는 시는 다음과 같다.

바다 공기 서늘하고 하늘빛 새로운데 / 海氣蒼凉天氣新

물결 갑자기 붉은 용의 비늘 이루네 / 波瀾忽作赤龍鱗

높고 낮은 하늘과 땅은 온갖 형상 드러내고 / 兩儀高下開羣象

만국의 광명 천지는 밝은 태양을 우러러본다 / 萬國光明仰一輪

조금도 사심 없이 우주를 임하여야 / 直以無私臨宇宙

가는 티끌까지도 두루 비칠 수 있느니 / 方能遍照及纖塵

해바라기가 해를 향해 기우는 건 가상하나 / 獨憐葵藿傾陽意

뜬구름이 맑은 하늘 가릴까 그것이 염려 / 長恐浮雲翳紫旻

또 '낙산 앞바다에 뱃놀이를 하면서' 라는 시는 다음과 같다.

한 필의 하얀 베처럼 생긴 은하수 / 銀河一疋練

푸른 하늘 위에 높이 걸려 있네 / 挂之靑天上
맑은 빛 푸른 바다에 닿아서 / 澄輝接滄海
억만 길을 거꾸로 드리워졌네 / 倒垂億千丈
바다의 넓음을 보지 않고서야 / 不觀溟渤寬
어떻게 천지의 광대함을 알겠나 / 焉知天地廣
은하수에 이르도록 두둥실 배를 띄우고 / 浮舟犯牛斗
망망대해를 깔보며 노를 젓노라 / 鼓櫂凌泱漭
신선의 궁궐에 가까이 다가가면 / 冉冉仙闕逼
천상의 음악소리 요란하게 들리리 / 嘈嘈天樂響
석양의 하늘은 유리처럼 맑디맑고 / 夕氣霽空廓
동서남북은 광활하게 툭 트였네 / 四維悠襄敞
별들은 구슬을 꿴 듯 연해 있고 / 星辰若連珠
북두칠성은 손바닥 편 듯 벌려 있네 / 玉衡如布掌
바다 속의 푸르디푸른 하늘빛 / 蒼蒼太虛色
아래로 온갖 형상을 포용하였네 / 上下涵羣象
회오리바람 파도를 일으키니 / 層飈鼓駭浪
바닷물 어지럽게 움직이네 / 水怪紛儻怳
하늘의 높음을 알지 못하고서 / 不知天宇高
문득 바람 타고 오르고 싶구나 / 便欲乘風往
몸은 가벼워 맑은 공기를 어거하고 / 身輕御沆瀣
기운은 쾌활하여 진세를 벗어난다 / 氣逸超塵壤
우습구나 진세 속에 있는 사람 / 却笑區內人
공연히 신선 될 생각 갖는 것 / 徒結方壺想

그 뉘라서 대지를 다 밟아 보겠는가 / 誰將蹈大方
장자처럼 구경이나 하길 원하네 / 願同莊生賞

관음굴觀音窟 시는 다음과 같다.

바다가 밤낮으로 파도를 쳐서 / 滄溟日夜翻
바위에 그만 붕괴된 곳도 생겼구나 / 石齒有崩瀨
말하지 말아다오 두 구멍 사이에 / 不謂空嵌間
허공을 가로질러 집을 지었다고 / 憑虛架楹屋
격렬한 파도 산 밑둥을 때려 대니 / 層濤蹙山根
여향이 골짜기를 진동하네 / 餘響振崖谷
흡사하다 산 위서 나는 우렛소리 / 有如山上雷
번개를 동반하고 우르르 하는 듯 / 隱隱驅電轂
처마에까지 하얀 물방울 뿜으니 / 當檐散素沫
부처의 휘장은 빨아 놓은 것 같네 / 佛幌如渥沐
물어보겠노라 그 어느 시대에 / 借問何代刱
누구를 위해서 이 집을 지었던고 / 爲誰勤板築
대사가 옛날에 영험을 나타내고 / 大士昔現靈
진짜 몸은 인도로 변환해 갔다네 / 眞軀幻西竺
새 감실엔 황금빛이 찬란한데 / 新龕煥金碧
불상의 기상 장엄하고 엄숙하네 / 寶像氣莊肅
노승은 향 피우고 꿇어앉아서 / 焚香老僧跪
절하고 머리 조아리며 복을 비네 / 拜叩祈淨福

그래서 어리석고 우매한 백성들로 하여금 / 遂令愚蒙者

분주히 금옥을 바치게 하네 / 奔走捐金玉

이교는 정도를 파괴하고 / 異敎壞正道

자비는 백성들을 현혹시킨다 / 慈悲惑民俗

길을 틔우고 구멍을 뚫어서 / 疏鑿及澗竇

극치의 토목 공사를 베풀었구나 / 人工窮土木

사람들은 모두 허탄한 말을 즐기나 / 人皆樂誕說

나만은 그 허황된 것을 비웃노라 / 我獨嗤荒瀆

승려들은 이 이치 까마득히 모르니 / 僧徒昧斯理

원컨대 이 말로써 권면하누나 / 願以此相勖

낙가사洛伽寺 시는 다음과 같다.

자라 등에 얹힌 여러 산의 주변에 / 鰲背諸山若箇邊

전조의 누관들 몇 번이나 변천되었나 / 前朝樓觀幾桑田

신 통한 바위엔 관음상 나타나 있고 / 通神石現觀音像

복을 비는 글은 세조 연간에 전했네 / 薦福書傳世祖年

하늘가 나는 새는 아스라이 가고 / 天際飛禽疑莽渺

뜰에 늘어선 잣나무들 선정에 든 듯 / 庭中列柏摠安禪

만물을 자세히 관찰하면 모두 변환하는데 / 細推萬物都成幻

어찌 구구하게 신선 배울 필요 있겠나 / 何用區區學衆仙

시남市南의 선유담仙遊潭 시는 다음과 같다.

선유담 위에는 눈발 갓 걷히고 / 仙遊潭上雪初收

십 리의 물가엔 옥수와 경림 빽빽하네 / 玉樹瓊林十里洲

귀양 온 신하 원행의 괴로움 망각하고 / 忘却逐臣行邁苦

이 몸 바로 선유를 하는가 의심하노라 / 自疑身世是仙遊

택당의 선유담 시는 다음과 같다.

푸른 바다 서쪽 해안엔 다시 호수와 산 / 滄溟西岸更湖山

경도의 누대가 한눈에 싹 들어오네 / 瓊島樓臺一望間

속인들의 발걸음은 쉽게 받아들이지 않는데 / 未許俗蹤飛渡便

듣자 하니 신선들만 한가하게 왕래한다오 / 却聞仙客往來閑

소나무와 돌은 모두 윤기를 머금었고 / 松寒石瘦俱含潤

나는 구름과 새는 물에 비쳐 얼룩덜룩 / 鳥渡雲移盡作斑

최고의 운치로는 난주 타고 철적 불어 / 最好蘭舟橫鐵篴

밤중에 깊이 잠든 용 깨우는 일이리라 / 夜深驚破睡龍慳

간이簡易의 선유담 시는 다음과 같다. 그 중 한 수는

바닷빛 못빛이 언덕 하나로 나누어졌는데 / 海色潭光隔一陂

비바람 몰아쳐도 변함없는 푸른 유리 세계이네 / 無風雨改碧琉璃

어떻게 할 수 있으랴 선유하는 날 / 安能直使仙遊日

크고 작은 못을 모두 내왕하는 일 / 來往纔同大小池

하였고, 또 한 수는

선유담 위에서 호올로 노닐 때 / 仙遊潭上獨遊時
새 날고 구름 떠가는 속에 술 한 잔 마시네 / 鳥度雲移把酒卮
한두 마리 백구 나를 알아본 듯이 / 一兩白鷗如識我
부침 왕래를 일부러 더디게 하누나 / 沈浮來去故依遲

하였다.
명재明齋의 '선유담에서 간성 군수杆城郡守와 작별하면서 주다' 라는 시는 다음과 같다.

소나무 밑에 마주 앉으니 정신 상쾌한데 / 長松對坐覺神濃
인간사 어찌 이곳서 만날 줄 예기했으랴 / 人事寧期此地逢
도원에 대한 말을 들으니 거듭 감개하나 / 聽說桃源重感慨
이 걸음 종용하지 못한 것 도리어 부끄럽네 / 此行還愧未從容

간성 군수 어른이 나를 위해 양양 오색의 명승지를 설명하고 그곳에 와서 살도록 권하였으며, 또 지나는 길에 찾아 달라고 하였는데 바빠서 들르지 못하였다.

『추강집秋江集』제2권 오언고시五言古詩

남효온*

해초海超 스님께 드리다

푸른 산에 에워싸인 낙산사 / 靑纏洛山寺
어제 저녁 홀연히 투숙하니 / 昨暮忽暝投
주인께서는 지둔의 무리이건만 / 主人支遁徒
손님 맞아 갖가지 음식 마련했네 / 邀客具庶羞
내뱉는 말씀 내 게으름 일깨우니 / 出言起我懶
맑은 서리 가을 하늘에 걸린 듯 / 淸霜橫素秋
새벽 종소리 깊이 반성케 하더니 / 晨鍾發深省
새벽빛이 벌써 누각에 밝았구려 / 曙色已明樓

靑纏洛山寺 昨暮忽暝投 主人支遁徒 邀客具庶羞 出言起我懶 淸霜橫素秋 晨鍾發深省 曙色已明樓

『추강집秋江集』 제2권 오언율시五言律詩

낙산사洛山寺에서 성휴性休 스님께 드리다

나는 강호로 떠도는 나그네 / 我是江湖客

*남효온(南孝溫, 1454~1492). 생육신生六臣의 한 사람. 호로 추강秋江·행우杏雨·최락당最樂堂 등을 썼다. 시호는 문정文貞이다. 저서에 『추강집秋江集』, 『사우명행록師友名行錄』, 『귀신론鬼神論』 등이 있다.

그대는 불제자의 스승이라오 / 君爲釋者師

푸른 등불 한밤중에 밝히고 / 靑燈明半夜

약속대로 함께 담론하노라 / 法語果幽期

창밖에는 기암절벽 예스럽고 / 囱外奇巖老

뜰 앞에는 잣나무 제격이라 / 庭前栢樹宜

탕휴 스님 내 시심 일으켜서 / 湯休起我病

미소 지으며 시 지으라 하네 / 微笑索題詩

我是江湖客 君爲釋者師 靑燈明半夜 法語果幽期 囱外奇巖老 庭前栢樹宜 湯休起我病 微笑索題詩 同名 故全用杜句

『추강집秋江集』 제3권 오언절구五言絶句

낙산사洛山寺 향로봉香爐峰에서

무성했던 만물이 뿌리로 돌아가니 / 芸芸物歸根

떨어지는 햇빛에 맑은 경치 펼쳤네 / 落日展淸眺

바람이 불어 맑은 거문고 울리고 / 風進淨琴張

높은 산 뾰쪽하여 흰 달이 작구나 / 山尖白月小

芸芸物歸根 落日展淸眺 風進淨琴張 山尖白月小

『추강집秋江集』 제5권 기記

계사일(13일)

비가 갰다. 출발하여 문암門巖을 지나고 바다를 따라 45리를 가서 청간역淸澗驛에 이르니, 물가에 임한 누각이 있었다. 누각 뒤에는 절벽이 깎아지른 듯이 서 있고, 누각 앞에는 많은 바위가 높고 험하였다. 내가 누각 뒤쪽 절벽 위에 오르니, 바라보이는 것이 더욱 넓었다. 서쪽으로 보이는 설악雪岳에는 빗줄기가 쏟아지는 듯하고, 하늘 남쪽에는 정오의 해가 하늘 가운데에 있었다. 바다는 앞에서 어둑하고 꽃은 뒤에서 환하여 기묘한 구경거리를 다 헤아릴 수 없었다. 절벽 위에서 밥을 물에 말아먹고 또 바닷가를 가서 모래 언덕과 바다굽이를 지났다. 이때에 동남풍이 급하게 불어 파도가 해안을 때리는 것이 마치 천병만마千兵萬馬가 몰아치는 듯했다. 바닷물이 부딪치는 곳에 붉은 무지개가 즉시 생겨났다가 생기는 대로 곧바로 없어지니, 참으로 장관이었다.

죽도竹島를 바라보니 흰 대나무가 연기와 같다. 대나무 아래 바위 위에는 해달海獺이 줄을 이루어 무리들이 함께 우니, 그 울음소리가 물소리와 어우러져서 바다굽이를 진동시킨다. 또 부석腐石에 이르니, 청간淸澗에서 여기까지는 20리이다.

또 오른쪽으로 천보산天寶山을 지나 송정松亭에 이르렀다. 여기에서 낙산洛山을 바라보며 20리를 가서 낙산동洛山洞에 들어갔고, 또 10리를 가서 낙산사洛山寺에 닿았다. 지나온 저수지는 크기가 10여 리 혹은 20여 리인 것이 여섯이다. 두 개의 큰 개浦와 두 개의 큰 냇물을 건너고 세 개의 죽도를 지났는데, 기암奇巖과 괴석怪石이 얼마나 되는지 알 수 없을 정도이다.

낙산사는 신라 승려 의상義相이 창건한 것이다. 절의 승려가 그 사적事跡을 전하기를 "의상이 관음보살의 친신親身을 해변 굴속에서 보았을 때에 관음보살이 친히 보주寶珠를 주었고, 용왕이 또 여의주如意珠를 바쳐서 의상이 두 개의 구슬을 받았습니다. 이에 절을 창건하고, 전단토旃檀土를 가져다 손수 관음상을 만들었습니다. 지금 해변의 작은 굴이 바로 관음보살이 머문 곳이고, 뜰 가운데의 석탑이 바로 두 구슬을 갈무리한 탑이고, 관음소상觀音塑像이 바로 의상이 손수 만든 것입니다." 하였다.

무자년(1468)에 요승妖僧 학열學悅이 건의하여 절터에 큰 가람을 짓고 그 안에 살면서 주변 백성의 전답을 다 빼앗아 자기 소유로 삼았다. 지금 학열이 죽은 지 1년이 되었으나 그의 무리 지생智生이 일찍이 학열에게 잘 보였기 때문에 학열이 죽자 노비와 전답과 재물을 다 얻어 그 이익을 관리하고 있다. 절 앞에는 바다에 임한 정자 하나가 있다. 감나무 숲이 둘러쳐 있고, 대나무와 나무가 산에 가득하다. 정자 위에 앉아 바다를 바라보다가 정자를 내려와서 언덕 아래를 지나 큰 대숲에 이르렀다. 도로 주사廚舍를 지나 곡구谷口로 내려가서 왼편으로 암석을 거쳐 작은 대나무를 헤치며 반 리쯤 가서 이른바 관음굴이라는 곳에 이르렀다. 작은 동불銅佛이 굴 아래 작은 방에 있었으나 바람과 햇볕을 가리지 못하였고, 방 아래의 바다 물결이 바위를 부딪쳐서 산 모양이 흔들리는 듯하고 지붕 판자가 길게 울렸다. 내가 내려가서 동구에 이르니 운산과 승려 계천繼千이 와서 나를 맞이하였다. 절에 이르자 지생智生이 나와서 맞이하여 묵을 곳을 마련해 주고 대접하였다.

갑오일(14일)

동틀 무렵에 정자 위에 앉아 뜨는 해를 바라보았다. 지생이 아침밥을 대접한 뒤에 나를 인도하여 관음전을 보게 하였다. 이른바 관음상이라는 것은 기술이 지극히 정교하여 혼이 깃들어 있는 듯하다. 관음전 앞에 정취전正趣殿이 있고, 정취전 안에 금불 세 개가 있다.

남로南路로 길을 나와서 서쪽으로 돌아서 갔다. 20리쯤 가서 양양부襄陽府 앞의 냇가에 이르러 말을 쉬게 하였다. 또 10리를 가서 설악에 들어가 소어령所於嶺 아래 재에 오르니, 냇물은 왼쪽에 있고 산봉우리는 오른쪽에 있다. 산기슭을 다 지나 냇물을 건너 왼쪽으로 가니, 산은 맑고 물은 빼어나며 흰 바위가 서로 포개진 것이 대략 금강산 대장동大藏洞과 같다. 물줄기를 따라 올라가서 오색역五色驛에 이르니 산의 달이 이미 흰빛이었다. 이날 육지로 간 것이 30리이고, 산길로 간 것이 40리이다.

癸巳 雨霽 發過門巖 沿海行四十五里 抵淸澗驛 有樓臨水 樓後絶壁削立 樓前衆石巉巖 余登樓後壁上 所望尤廣 西見雪岳 雨脚如注 天南午日正中 海昏於前 花明於後 奇玩不可數計 於壁上澆飯 又行海濱 過沙嶺海曲 是時東南風急 海濤衝岸如千兵萬馬 水所激處 紫虹立成 隨立隨滅 眞壯觀也 望見竹島 白竹如煙 竹下石上 海獺成行而群鳴 鳴聲與水聲合 雷動海曲 又至腐石 自淸澗至此二十里 又右歷天寶山到松亭 自此望見洛山 行二十里 入洛山洞 又行十里 抵洛山寺 所歷陂澤 其大十餘里或二十餘里者六 涉大浦二 大川二 過竹島三 名巖奇石 不知其幾也 洛山者 新羅僧義相所創 寺僧傳其事跡云 相見觀音親身於海邊窟中 觀

音親受寶珠 龍王又獻如意珠 相受二珠 於是創寺 取旃檀土 手作觀音像 今之海邊小窟 乃其觀音所住也 庭中石塔 乃藏二珠塔也 觀音塑像 乃其相手作者也 戊子年間 有妖僧學悅建白 於寺基作大伽藍 自居其中 盡取傍民田以爲己業 今悅死一年矣 其徒智生嘗媚於悅 悅死而盡得奴婢田貨管其利 寺前有一亭臨海 枾林周匝 竹木徧山 余坐亭上望海 下亭歷陂 下 至大竹林 還過廚舍下口谷 左歷巖石披小竹 披將半里 至所謂觀音窟者 有小銅佛在窟下小室 不蔽風日 室下海濤激石 山形如掀 屋板長鳴 余下至洞口 雲山與僧繼千來迎我 至寺 智生出迎舘待 甲午平明 余坐亭上望出日 智生饋朝飯 引余見觀音殿 所謂觀音像 技極精巧 若有精神焉 殿前有正趣殿 殿中有金佛三軀 余出道南路西轉而行 行將二十里 至襄陽府前川上歇馬 又行十里入雪岳 陟所於嶺下峴 則川水在左 峯巒在右 過盡山麓 涉川流而左 山明水秀 白石交加 略如金剛山大藏洞 沿流而上 至五色驛 山月已白矣 是日 陸行三十里 山行四十里

『춘정집春亭集』 제2권

변계량*

동창東窓과 천마산天摩山 낙산사洛山寺에 노닐기로 약속하며

눈 녹아도 동풍이 쉴 새 없이 불어 대니 / 雪盡東風吹不休
천마산 산빛이 흐르는 것 같구나 / 天摩山色望如流

*변계량(卞季良, 1369~1430). 이색李穡과 정몽주鄭夢周의 문인으로 호는 춘정春亭, 시호는 문숙文肅이다. 『태조실록』을 편찬하고, 『고려사』의 개수改修에도 참여했다. 『청구영언』에 시조 2수가 전하며, 문집에 『춘정집』이 있다.

어찌하면 그대와 종소리를 따라가서 / 何當共聽山鍾去

뭇 봉우리 유람하고 사루에도 올라가지 / 遊了諸峯又寺樓

춘정집春亭集 추보追補 소疏
낙산사洛山寺에서 소재 법석消災法席을 거행하는 소

위대한 각황覺皇께서 나라를 가호해 주신 자비가 어찌 끝이 있겠습니까. 소자小子가 재앙을 만나 두려워서 어찌할 바를 모르겠습니다. 이에 매우 간절히 귀의하여 도움을 받고자 합니다. 생각건대, 용렬한 자질로 대업을 이어받아 위에 있으면서 명철하지는 못하였으나, 또한 임금 노릇 하기가 쉽지 않다는 것은 조금 알았습니다. 이에 사냥과 유람하는 즐거움을 줄이고 음악과 여색의 오락을 경계하였습니다. 두려운 게 백성이 아니겠습니까. 마치 썩은 새끼로 말을 모는 것처럼 두려워하였으며, 지위에 안일하지 않고 언제나 깊은 연못가에 임하듯이 하였습니다. 그러나 시행한 정사가 잘못된 것이 있었으니, 어찌 형벌이 지나친 바도 없었겠습니까. 이 자리는 상제上帝의 마음속에서 간택된 것인 만큼 마땅히 하늘의 견책을 많이 받아야 할 것입니다. 오랫동안 비가 내려 산사태가 일어나는 바람에 호구가 줄어들었고, 나무를 뽑는 폭풍이 불어서 벼가 많이 손상되었습니다. 그리고 심상치 않게 불상이 땀을 흘렸는가 하면 또다시 금성金星이 대낮에 나타났습니다. 재변이 거듭 생겨 실로 매우 걱정되었기 때문에, 밥상을 앞에 두고도 먹을 줄을 모르고 자리에 누웠다가 또다시 일어나곤 하였습니다. 이에 청정한 자리를 간택하여 기도의 자리를 폈습니다. 자비의 법신法身

은 실로 삼십묘상三十妙相이므로 길상吉祥의 주문을 외우면 8만 종류의 재앙을 소멸시킵니다. 환란을 미연에 방지하기 위해서 오직 가호해 주시기만을 우러러 바랍니다. 삼가 바라건대, 성대하게 주시周詩처럼 큰 복을 받아 편안히 장수를 누리고, 기범箕範의 나쁜 조짐을 모두 제거하여 영원히 태평하게 하소서. 백성이 편안하고 만물이 풍성하며, 병화가 그치고 시대가 태평하게 하소서.

『택당선생집澤堂先生集』 제5권
이식*

낙산사洛山寺에서 양양 부사襄陽府使인 이여복李汝復 경용景容 종장宗丈을 만났는데, 이날 눈이 크게 내렸다.

누가 용왕 불러내어 옥가루 뿌리게 하였는고 / 誰喚龍公撒玉塵
머리 돌려 바라보니 선궁仙宮의 광경 새롭도다 / 琳宮光景轉頭新
은백색 포말泡沫 뒤집어쓴 푸른 바다요 / 滄溟倒漾銀濤沫
봄철인 양 담복薝蔔으로 하얗게 단장한 기수로세 / 祇樹粧成白薝春
세모에 올라와 굽어보니 그대로 마냥 절승絕勝 / 歲暮登臨仍勝地
하늘 끝 타향 만나뵌 분 바로 우리 집안 어른 / 天涯會合是宗人
귀로에 도롱이 젖은들 무슨 걱정 있으리까 / 不愁歸路簑衣濕
구속 떨쳐 내버리고 술이나 한껏 드십시다 / 且鬪樽前漫浪身

*이식(李植, 1584~1647). 호 택당澤堂, 시호는 문정文靖이다. 당대의 한문4대가漢文四大家 가운데 한 사람으로 꼽힌다. 『선조실록宣祖實錄』의 수정을 맡았으며 저서로 『택당집澤堂集』, 『초학자훈증집初學字訓增輯』 등이 있다.

지인도 창주의 취향이 있었던지 / 至人亦有滄洲趣

신령스런 그 자취 동해안에 남겼어라 / 靈迹曾留海岸東

자비로운 천수관음 동방에 한 손길 뻗쳐 줌에 / 一手慈悲奔鰈域

웅장한 절 천추토록 홍몽을 제압하였나니 / 千秋臺殿壓鴻濛

경어 우는 소리에 스님들 발우공양 했고 / 鯨魚自吼僧催鉢

보배 기운 감돌면서 벽에서 무지개 뿜었어라 / 寶氣常騰壁吐虹

백화 왕자가 지은 찬 한번 본떠보려 해도 / 欲效白華王子讚

솜씨 겨룰 기막힌 시어詩語 없는 것이 부끄럽네 / 愧無奇語與爭工

안견의 수묵화에 석천의 시편 / 安堅水墨石川詩

천년토록 가람의 기막힌 기예로 꼽혔는데 / 千載伽藍兩絶奇

이제는 겁화로 승려들마저 모두 떠나 / 劫火倂將僧寶去

이 명승지 마치도 골짜기 배가 옮겨진 듯 / 名區便覺壑舟移

분향 구름 감로 법문 다시는 볼 수 없이 / 香雲法雨虛無裏

옛 추억 더듬어도 무너진 담에 기왓장뿐 / 解瓦頹垣指點疑

그래도 다행히 선묘宣廟의 글 한 편 남아 / 賴得宣陵宸翰在

신령스런 빛으로 여전히 산사山寺를 감싸 주네 / 神光依舊擁山祇

新 洛山寺

2010년 1월 5일 초판 1쇄 인쇄
2010년 1월 15일 초판 1쇄 펴냄

편집위원 혜안스님 · 법인스님 · 대공스님 · 지철스님
　　　　　무문스님 · 주일스님 · 지봉스님
집필 신대현(불교신문 논설위원)
자료정리 최진희(사찰문화연구원)

펴낸이 낙산사
펴낸곳 솔바람
주소 서울시 종로구 수송동 58 두산위브 1213호
전화 (02)720-0824
이메일 sulpub@hananet.net
등록 1989년 7월 4일(제5-191호)
ISBN 978-89-85760-79-9 03220
가격 20,000원
＊잘못된 책은 바꿔드립니다.

편집후기 – 설렘과 꿈을 담아

이 『신 낙산사』는 1998년 김상영 중앙승가대 교수, 안상빈 연구위원, 한상길 동국대 교수, 그리고 필자 등이 참여해 사찰문화연구원에서 펴낸 『낙산사』를 토대로 해서 지금의 관점에서 새로 쓴 것이다. 10여 년 만에 『신 낙산사』를 내면서 나는 그분들과 함께 작업하기를 희망했었다. 하지만 그분들은 이번에는 독자의 입장에서 지켜보겠다고 사양하며 책임편집의 중책을 내게 일임했다. 외로이 황야에 남겨진 기분이었지만, 다행히 자료제공을 해 주신 낙산사 스님들과 솔바람출판사 관계자들이 많이 도와주어 큰일을 마무리할 수 있었다.

아직도 기억에 생생한 2005년의 화재 이후 낙산사에 표어가 하나 생겼다. '꿈이 이루어지는 낙산사'. 원통보전 뒤편으로 해수관음상까지 난 길을 걷다보면 '꿈이 이루어지는 길'이라는 글씨가 팻말에 적혀있는 걸 본다. 나는 그 뜻이 궁금해 언젠가 정념 주지스님에게 물었는데, 꿈이란 곧 '설렘' 아니겠느냐는 대답이었다. 누구에게나 꿈이 있다. 그 꿈이 이루어질 걸 생각하면서 설레지 않을 사람이 없다. 정념 스님은 낙산사가 모든 이의 마음속에서 설렘이 있는 천년고찰로 남기를 바랐다. 비록 화재로 큰 상처를 입었지만 곧바로 시작된 불사를 통해 그 아픔을 다 잊고 더욱더 강고해지면서 국민과 함께하고 국민에게 꿈을 주는 낙산사로 거듭 나기를 바랐던 것이다. 2005년 화재 이후 낙산사는 모든 관람객을 무료입장토록 했는데, 이 또한 낙산사의 꿈과 설렘을 낙산사를 찾는 모든 사람들과 함께하려는 마음의 표출이었던 모양이다. 지금 복원된 낙산사는 바로 그 꿈과 설렘의 마음으로 이루어진 것이라고 할 수 있다.

새해가 밝았다. 벌건 해가 불끈 솟아 사람들에게 희망을 준다. 그 일출보다도 앞선 마음이 이 책 『신 낙산사』에 담겨져 세상 모든 사람들에게 꿈과 설렘을 주는 새해가 되었으면 좋겠다.

신대현